文革後中国基礎教育における「主体性」の育成

李　霞

東信堂

はしがき

　中国の教育研究分野においては文化大革命終結後の1980年代から、学習者の「主体性」概念が議論され始めた。これは、画期的な教育改革と呼ばれている2001年の基礎教育課程改革にも影響を及ぼしたものである。本書は、中国における学習者の「主体性」概念の意味内容、およびその概念が教育研究、教育政策、教育課程および教科書、授業実践に与えた影響について究明するものである。

　グローバル化が進む今日、学習者に21世紀を生き抜くための力を育ませることが世界諸国の教育改革において共通に目指されている。とりわけ現在、諸外国で進められている教育改革においては、欧米に由来する「キー・コンピテンシー」や「21世紀型スキル」が広く注目され、達成すべき学力のグローバル・スタンダードと見なされつつある。「キー・コンピテンシー」や「21世紀型スキル」には自ら考え、判断する力、問題解決能力といった資質・能力が盛り込まれており、「主体性」は、こうした資質・能力を育む上での基盤となるものである。そうしたなか、アジアに位置する中国では、近年「素質教育」の普及を目指して進められてきた教育改革において、新たに学習者の「主体性」の育成に焦点を合わせていることが注目に値する。

　中国は、1980年代に「改革開放」政策を導入し、世界に国門を開いた。それ以来、今日まで約30年間、計画経済体制をとる貧しい社会主義国のイメージを見事に脱し、現在GDP世界2位の経済大国としての成長を遂げた。その背景には、1980年代から自ら考え、自ら探究する「自主創新」の人材の育成をめざして中国で推進してきた教育改革があったことが無視できない。経済発展におけるマンパワーの力を認識している中国は、更なる経済の発展

を実現するため、「人力強国」という国策を打ち出し、その実現に向けて、今後教育改革の一層の推進を宣言し、とりわけ創造力と実践力を持ち、国際的視野と主体性を備えたグローバル人材の育成を教育目標とした。それ以前の中国と言えば、教育を無産階級政治に奉仕するものや経済建設に奉仕するものとして捉えてきた国であり、社会主義体制の維持のために、ひたすら集団に従属する社会主義後継者の育成が教育目標の中心とされてきた。教育を受ける者の自立への助成は目指されておらず、人間を単なる道具と見なす点で、人間の主体性が見失われてしまったことを指摘せざるを得ない。一方、人間の主体性が重視されるようになったことが近年の中国における教育改革の大きな特徴と言えよう。

　実は中国では、人間の「主体性」に対する"目ざめ"は、文化大革命終結後の1970年代末までさかのぼる。当時十年間にも及び、中国の文化・経済・教育を含むあらゆる分野の建設に大きなダメージを与えた無産階級政治キャンペーン運動である文化大革命において、人間が階級闘争の手段とされていたことに対する反省が全国規模で行われ、人間の「主体性」が次第に注目されるようになった。教育研究分野において1980年代初頭から「主体性」という概念が提唱されるようになって以来、今日（本研究の研究対象となる2010年）までの約30年間にわたって「主体性」をめぐって熱く議論され続けてきた。これらの議論は2001年の基礎教育課程改革を契機に中国全土において進められている「素質教育」の在り方をはじめ、今日の中国の教育政策の策定に大きな影響を与えることとなった。

　しかし、今後も社会主義路線を歩む中国においては、教育改革を重ねても守り抜きたい教育の目標、教育の理念があると考えられる。そのため、中国における「主体性」という概念の意味合いを究明することは、現在中国で進められている教育改革の方向性を把握し、中国の教育のあり方を理解するために重要な手掛かりになる。

　それにもかかわらず、これまで、日本では、中国における「主体性」の育成に関する先行研究はほとんど見当たらない。また中国においても、これまで「主体性」の育成については、主として教育研究の一側面として焦点化さ

れており、中国における「主体性」概念の具体的な内容や教育改革への影響について、多元的な視野に立った議論がなく、十分な解明はなされてこなかった。とりわけ、中国の国内でも、「主体性」という概念についての論者たちの解釈は一様ではなく、また時代によっても様々に変化してきている。過去に政府が教育政策の中で明示的にこの文言を使ったことがないことから、この概念の意味内容について共通の定義を見出すことが困難であった。

そこで中国の教育のあり方を知る一歩として、本書では近年、中国の教育改革において重視されてきた「主体性」という概念とはいかなるものであるのか、2001年の基礎教育課程改革以降、「主体性」育成の実態や存在している課題は何かを明らかにすることを研究の目的と定めた。この目的を達成させるために、本書は、中国の教育研究分野において、1980年代から提起されてきた「主体性」概念について、歴史的・政策的・理論的・実践的に多面的な分析を行い、その理念としての全体像を解明するとともに、教育実践において実際に解釈され、実行されている「主体性」概念の実態について初めて詳細な分析を行い、その意義と課題を探究した。

本書は、グローバル化という共通した背景のもとで展開されてきた諸外国の教育改革における類似性と特異性を示す事例を扱うものであり、グローバル化時代における中国の教育改革の戦略や、国際教育改革におけるその位置づけを究明するだけではなく、中国の教育のあり方を再考する契機ともなると考えられる。

また、現在、達成すべき学力のグローバル・スタンダードと見られつつある「キー・コンピテンシー」や、「21世紀型スキル」が、その生誕の地である西洋と異なる文化背景を持つアジアの土壌にも適合するのか、それらの学力はグローバル・スタンダードになりうるのか、アジアでこのような学力を普及する際にどのような課題が存在するのかについて考察するうえでも本書は重要な示唆を与えることとなろう。さらに、同じ東アジアに位置するため共通の課題も多く抱えている日本で進められている、グローバル化社会に対応するために「生きる力」や「主体性のある日本人」の育成を目指した教育改革と教育実践にも有意義な示唆を与えることを願っている。

なお本書は、日本学術振興会による平成26年度科学研究費補助金「研究成果公開促進費」の助成をうけて出版されるものである。

　2014年12月

　　　　　　　　　　　　　　　　　　　　　　　　　　　　　　筆者

目次　文革後中国基礎教育における「主体性」の育成

はしがき ………………………………………………………………… i

序　章 ………………………………………………………… 3

第1節　問題提起・背景 ……………………………………………… 3
第2節　先行研究 ……………………………………………………… 6
　1　中国における先行研究 ………………………………………… 6
　2　日本における先行研究 ………………………………………… 9
第3節　研究目的・論文構成 ………………………………………… 12
第4節　本書における「主体性」概念の検討 ……………………… 15
　注（21）

第1章　「主体性」育成研究の理論的変遷 ………… 26

はじめに ………………………………………………………………… 26
第1節　「主体性」育成研究の萌芽 ………………………………… 27
　　　　――1979年から1990年初頭まで
　1　主体・客体関係に関する論争と「教育と人間」 …………… 27
　　に関するシンポジウム――1979年から1989年まで
　2　「主体性」育成研究における個人の重視 …………………… 29
　　　　――1989年から1990年初頭まで
第2節　「主体性」育成研究の探索と確立 ………………………… 32
　　　　――1990年半ばから1996年まで

1　「主体性」育成研究における「社会性」の登場……………… 32
　　　　　——1990年半ばから1994年まで

　　2　「主体性」育成研究における個人重視への回帰……………… 38
　　　　　——1995年から1996年まで

　第3節　「主体性」育成研究の深化と発展……………………………… 41
　　　　　——1997年から2010年まで

　　1　「主体性」育成研究における構成主義の提唱……………… 41
　　　　　——1997年から2000年まで

　　2　「主体性」育成研究における「交流」と「協調」の強調……… 46
　　　　　——2001年から2010年まで

　おわりに……………………………………………………………………… 48
　　注（52）

第2章　「主体性」育成に関する実験の展開……56
　　　　　——裴娣娜の研究に焦点をあてて

　はじめに……………………………………………………………………… 56
　第1節　本章における分析の視点………………………………………… 58
　第2節　「主体性発達実験」——1992年から2000年まで…………… 60
　　1　実験で構想されている育成すべき人間像………………………… 60
　　2　実験の内容………………………………………………………… 61
　　3　実験の成果と課題………………………………………………… 64
　第3節　「基礎教育現代化発展の理論・実験研究」……………… 66
　　　　　——2001年から2005年まで
　　1　実験で構想されている育成すべき人間像………………………… 66
　　2　実験の内容………………………………………………………… 67
　　3　実験の成果と課題………………………………………………… 71
　おわりに……………………………………………………………………… 73
　　注（75）

第3章　教育政策における「主体性」............77
——育成すべき人間像と育成方法の変遷に焦点をあてて

はじめに... 77

第1節　「回復再建」期の教育政策——1977年から1984年まで.. 79
　　　　国家政治影響下における価値志向

第2節　「迅速発展」期の教育政策——1985年から1996年まで.. 85
　　　　経済建設を中心とする論調

第3節　「改革創新」期の教育政策——1997年から2010年まで.. 91
　　　　「人間本位」の思想

第4節　各時期の教育政策に関する比較検討及び考察........ 97

おわりに.. 101

　注（103）

第4章　課程政策にみる児童「主体性」............106
——国語科の教育目標・内容と教科書の分析を中心に

はじめに.. 106

第1節　国語課程政策の変遷.. 108

第2節　国語教育の目標・内容における児童「主体性」...... 114
　　1　2000年大綱における国語教育の目標・内容................ 114
　　2　2001年課程標準における国語教育の目標・内容............ 117

第3節　「読み」の目標における児童「主体性」.................. 119
　　1　2000年大綱における「読み」の目標........................ 119
　　2　2001年課程標準における「読み」の目標.................... 121

第4節　国語教科書の編成における児童「主体性」............ 125
　　1　2000年大綱版教科書の内容構成及び特色.................. 125
　　2　2001年課程標準版教科書の内容構成及び特色.............. 129

おわりに.. 132

　注（134）

第5章　教育実践における児童「主体性」……138
―― 小学校における国語授業の事例研究

はじめに…………………………………………………………138

第1節　2001年基礎教育課程改革推進の状況………………139
　　　　及び調査対象

第2節　「マッチ売りの少女」の事例研究……………………142
　　1　「マッチ売りの少女」の学習目標……………………142
　　2　授業の流れ………………………………………………145
　　3　教師の指導言の特徴……………………………………146
　　4　教師と児童との言葉のやりとり………………………148
　　5　「読み」における児童の想像…………………………149

第3節　湖南省の公立小学校における授業の状況……………152

第4節　追加調査：2011年11月の調査…………………………154

第5節　調査結果と考察…………………………………………156

おわりに…………………………………………………………158

　注（159）

終　章………………………………………………………161

第1節　中国の教育研究分野における「主体性」概念………162

第2節　教育政策における「主体性」及び……………………166
　　　　「主体性」育成研究と教育政策の策定との関係
　　1　教育政策における「主体性」に対する捉えかた……166
　　2　「主体性」育成研究と教育政策の策定との関係……168

第3節　教育実践における「主体性」育成の実態と課題……170

第4節　結　語……………………………………………………172

巻末添付資料
　　主体的な意識に対応する行為表 …………………………………… *177*
その他参考文献 …………………………………………………………… *179*
あ と が き ………………………………………………………………… *187*
索　　　引 ………………………………………………………………… *192*

〔図表一覧〕
図序-1　　中国における現行学校系統図 ………………………………… *20*
表2-1　　児童の主体性行為発達のレベル（一部）…………………… *62*
図2-1　　主体性発達の評価規準構造図 ………………………………… *63*
表2-2　　「協同学習授業観察表」………………………………………… *68*
表2-3　　「児童の協同意識と行為・技能の発達状況に関する調査表」……… *69*
表2-4　　「協同状況観察表」……………………………………………… *70*
表2-5　　裴娣娜の実験的研究における児童「主体性」育成のポイント ……… *73*
表3-1　　各時期の教育政策における育成すべき人間像及び育成方法の特徴 ‥ *98*
表4-1　　新旧課程政策における国語教育の内容 ……………………… *116*
表4-2　　新旧課程政策における「読み」に関する規定の対照 ……… *123*
表4-3　　中国の小学校国語教科書『語文』第6学年「下」の目次 …… *127*
表4-4　　新旧教科書における「思考・練習」の重点の比較表 ……… *131*
表5-1　　授業の流れ（「マッチ売りの少女」2時間）………………… *146*
表5-2　　授業に見られる教師の主な指導言 …………………………… *147*
表5-3　　発問3-3に続く教師と児童とのやりとり …………………… *149*
表5-4　　発問4-3に続く教師と児童とのやりとり …………………… *150*
表5-5　　発問5に続く教師と児童とのやりとり ……………………… *151*
表5-6　　7つの公立小学校における授業の状況 ……………………… *153*

文革後中国基礎教育における
「主体性」の育成

序　章

第 1 節　問題提起・背景

　1949年に社会主義国として発足した中華人民共和国（以下、中国と略す）は、長い内戦を経て崩壊間際となった国民経済を立て直すために、建国当初から様々な取り組みを行ってきたが、国内外の政治的な影響からその道のりは大変厳しいものであった。なかでも、1966年5月に始まった文化大革命（以下、文革と略す）は、建国後、国民経済の再建に最も重い打撃を与えた出来事であり、国内の主要な文化を破壊するだけではなく、経済活動の長期停滞をもたらす国家的大惨劇を招く結果となった。一方、文革終結後の1978年12月に中国共産党第11期三中全会が開かれた。大会においては、文革中に過ちと考えられたことがらが見直され、中国共産党の活動の重点を階級闘争から経済建設へと移行することが宣言されるとともに、改革開放政策の導入が決定された。それ以来、約30年間中国経済は急速な発展を遂げ、2011年には、経済発展の指標である国内総生産（GDP）が世界2位に上ることとなっている。

　急速な経済成長を遂げた背景としては、経済成長を導く人材の育成を目指して1980年代から中国で行われてきた教育改革が見逃せない。とりわけ1985年に出された中国共産党中央の「教育体制の改革に関する決定」は、1980年代以降における中国の教育改革の方向を示している点で重要である。この「決定」において、従来のクラス単位での一斉授業（課堂教学）を行うことで教育の効率性を求める教師中心主義の系統的学習とともに、ひたすら教育を無産階級政治に奉仕させることを強調してきた教育方針についての見

直しが行われ、国民の素質の向上こそが教育の目指すべきものと位置づけられるようになった。また、系統的学習で重視された基礎知識・基本技能の習得だけではなく、教育を受ける者の創造的精神や実践能力といった科学文化的素養の育成も教育目標に加えられ、その育成をめぐって、とりわけ教授・学習過程において教育を受ける者の自主的で独立した思考が大いに注目されるようになった[1]。

1990年代に入ると、教育を受ける者の創造的精神や実践能力が、高められるべき国民の素質の中身として一層重視されるようになった。1993年2月13日に中国共産党中央及び政府国務院から通達された、90年代における中国の教育全般の行方を指し示す「中国教育改革発展要綱（以下、1993年「要綱」と略す）」において、それまでの初等・中等教育段階で行われてきたような、児童生徒の実態を無視し試験に合格させるために知識を注入する「応試教育」に対する反省が行われ、国民の素質を高めるために、とりわけ児童生徒の「問題分析力・解決力の育成」を重視するという方向が示された[2]。この方向は2001年の基礎教育課程改革の幕を開くものとされる1997年の「当面積極的に中学・小学における素質教育を実施することに関する意見（以下、1997年「意見」と略す）」にも継承されている。1997年「意見」において、児童生徒の創造的精神と実践能力を育成するために、学習過程における児童生徒の「自主性、積極性と創造性」が重視されていた[3]。1997年「意見」の公布をきっかけに、中国では「素質教育」[4]の実現に向けて大規模な教育改革が進められてきた。そのため、「素質教育」とは何かを理解することは、現在の中国の教育のありかたを考える上で非常に重要なポイントになっている。

2001年には、「素質教育」の全国的な推進を目指して、中国では基礎教育課程改革が行われた。「画期的な改革」[5]と呼ばれているこの改革は、従来の教育思想に根本的変動を促すものとなった。新しく公布された課程標準（学習指導要領に相当するもの）においては、児童生徒こそが「学習と発達の主体である」[6]と明文化され、学習過程における彼らの興味・関心や独立した思考力、創造的意欲、自ら知識の形成過程に参加する探究的な学習とともに、他者と交流し、協調する精神の育成が重視されることとなった。その一方、

教授・学習過程における教師の役割は、児童生徒が自ら考え、自ら行動することができる学習環境や雰囲気を作ることとされ、児童生徒の自主的な学習を促す手助けをすることに限定されている[7]。このような特徴を持つ2001年基礎教育課程改革については、「主体性」を尊重する教育理念が盛り込まれているとして中国の教育研究分野で高く評価されている。

　実のところ、「主体性」という概念が中国の教育研究分野で提起されたのは1989年のことであった。以来、約20年にわたって、学校教育における児童生徒の「主体性」の育成は非常に重要な課題となってきた。また、それをめぐって様々な取り組みが進められている[8]。特に、教育政策における「素質教育」という概念の登場に伴い、1990年代半ば以降、中国の教育研究分野においては学習者の「主体性」を伸ばすことは「素質教育」の核心であり、「素質教育」を実現させる有効な手段であるという認識が形成された[9]。こうした認識を踏まえるように「素質教育」の実現を目指す2001年基礎教育課程改革において新しく打ち出されている教育政策の中身には、教育研究分野で展開されてきた「主体性」育成に関する研究の内容と多くの共通点が見られる。さらに、「主体性」育成に関する研究成果の一部が2001年基礎教育課程改革にも取り入れられているとの指摘もあることから[10]、2001年基礎教育課程改革の背景には、教育研究分野で行われてきた「主体性」育成に関する研究からの影響が無視できない。2001年以降も、「主体性」育成に関する研究は、「素質教育」に関する研究の一環として中国の国家重要教育研究プロジェクトの1つに位置づけられている。そのため、「主体性」とは何かを理解することは、現在の中国の「素質教育」のありかたをより深く理解するための手掛かりになっており、ひいては中国教育のありかたを考える上での要諦になっていることが考えられる。

　対象とする教育段階として、本書では基礎教育段階に焦点をあてる。基礎教育段階に注目した理由は、中国における「素質教育」の理念と関わるものである。つまり、「素質教育」の理念の1つとして「一部の優秀な人材の育成に重点がおかれていた教育を、すべての学生（児童と生徒を含むすべての学習者のこと）の素質の向上を図るための教育へと転換することを目指す」[11]

ことが掲げられている。また、これまで中国に存在していた重点学校制度がこの理念の実現に支障をきたすものと認識され、2006年に改正された『中華人民共和国義務教育法』の公布をきっかけに、初等・中等教育段階における重点学校制度が撤廃されることとなった（第22条）。一方、高等教育段階の場合、「211プロジェクト」や「985計画」に象徴されるように、中国政府は一部の大学に対して財政的支援を行い、計画的、重点的に発展させる方針を打ち出している。つまり、大学間における格差の存在について、中国政府は容認する態度をとっているのである。それとともに、現在依然として存在している大学入試制度は、高等教育段階へ進学する機会を極少数の優等生に限定してしまう要素となっている。2009年度を例にしてみると、中国の本科課程（4年制学士課程）における「粗就学率」はおよそ9.9％にとどまり、普通高等教育だけを取り出すと8.1％となっている[12]。これらのことから、すべての学習者に学習機会の平等を保障することを考えると、国民素質の「底上げ」の任務を担う基礎教育こそ「素質教育」の理念を背負っていると言えよう。

第2節　先行研究

1　中国における先行研究

1989年に「主体性」という概念が教育研究分野で初めて提起されて以降、約20年にわたって、「主体性」の育成研究が様々な論者によって盛んに行われてきた。これらの先行研究は主として「主体性」の育成をめぐる理論的な枠組みの構築を目指す理論的研究と、「主体性」を育成する有効な方法を模索する実験的研究に分けられる。

まず、「主体性」の育成をめぐる理論的研究においては、王道俊・郭文安[13]、裴娣娜（Pei Dina）[14]、王策三[15]、黄崴[16]、肖川[17]を中心に、多くの研究者によって激しい議論が展開されてきた[18]。そのなかでは特に「主体性」の内容構成や、「主体性」育成の目的及び育成方法が主な論点となっている。

教育研究分野において「主体性」概念やその内容構成について約20年間の議論を積み重ねた結果、現在でも統一した認識は形成されていないものの、「主体性」は「自主性、能動性、創造性」を含み、「社会性」とも関係する概念であるという共通認識が定着するようになった。また、いわゆる「天安門事件」や市場経済体制の確立など政治的・経済的情勢の影響を受け、1989年から「主体性」育成に関する研究は、全体的な流れとして、学習者個人の発達を重視するか、それとも社会の発展を重視するか、また学習者の学習経験を重視するか、それとも教師の指導を重視するかに焦点をあてながら展開されてきた。

「素質教育」という言葉が教育政策に登場した1990年代半ば以降、中国における「主体性」育成の理論的研究において新たな変化が見られるようになった。すなわち、「学生の主体性を発達させることは素質教育の魂である」[19]、「学生の主体性を発達させることは素質教育の目標であり、学生の素質を全面的に向上させる基礎である」[20]、「学生の主体性の育成は新しい時期における教育改革の方向である」[21]と述べられているように、学習者の「主体性」の育成と教育改革や「素質教育」との関連性を論じる傾向が見られるようになった。

これらの理論的研究について、批判的な観点を取り入れて分析した研究も確認できる。まず、王嘯はこれまで教育研究分野で論じられてきた「主体性」が、主体は客体と対立する立場におかれる前提条件を想定している時に見られる人間の主体性であり、人間の自然などの客体に対する征服と改造を強調する「占有式主体性」にすぎないと述べている。また、学習者にこのような「主体性」を育成することは、「人間を自然を征服する道具に育てることになり、結局のところ人間の主体性が見落とされることになる」と指摘している[22]。次に、孫迎光はこれまでに行われてきた「主体性」育成研究において、個人の選択の自由という視点が欠けていると指摘している[23]。そして、呉航のこれまでの先行研究において、「主体性」を論じる時に「利用と育成」の一側面が強調される一方で、「主体性」を「尊重」する一側面が無視されているとの指摘がある[24]。また、馮建軍は、これまでは個人の

「主体性」に対して注目するあまり、個人と他者や、個人と集団、個人と社会との関わりのなかでの相互の主体性についての検討が欠けていると指摘した[25]。

次に、「主体性」育成の理論的研究を指導理念としながら、学習者の「主体性」を伸ばす有効な方法の探索を目指す実験的研究が、1990年代初頭から組織的に展開され始めた。そのなかで、1992年から裴娣娜によって展開されていた児童の「主体性」に対する評価体系の構築を目指す「主体性育成実験（小学生主体性発達実験）」を嚆矢として、2005年まで、裴娣娜を中心に行われた「主体性」育成に関する理論的構築とともに、「主体性」の発達を促す有効な教授・学習モデルの探索を目指していた実験的研究がこの分野で最も規模の大きく、影響力のある研究である[26]。その他にも、南通師範第二附属小学における「情境教育」実験[27]、上海閘北第八中学における「成功教育」の実験[28]、北京師範大学と河南省安陽人民大道小学が共同で主催した「算数学習における児童の主体性発達に関する研究」[29]、華中師範大学教育系と湖北省の荊門象山小学共催の「児童主体性素質の構築に関する実験」[30]、同教育系と湖南省長沙市開福区教育局共催の「児童主体性の教育活動に関する体系的実験」[31]、山東省曲阜市実験小学で行われた「和楽教育」実験[32]など数々の実験的研究が見られる。

「主体性」の育成に関するこれらの理論的研究及び実験的研究は「主体性」育成をめぐる理論的充実と深化を導き、「主体性」を育成する際の有効な方法の探索に大きな示唆を与えている。しかしながら、これらの研究は個々の研究者が自らの主張を論じることにとどまっており、それらを包括的に検討し、分析した研究は行われていない。

以上に挙げられている先行研究のほかに、涂艶国[33]、楊小薇[34]、張家軍・李森[35]、岳偉[36]、李英[37]、王攀峰[38]などが行った「主体性」育成をめぐる理論的研究、あるいは実験的研究の全体的な発展や、現状をまとめて紹介するものもある。しかし、これらの研究では「主体性」育成における理論的研究と実験的研究との関連についての分析が行われておらず、また、批判的な観点も欠けていることを指摘しておかなければならない。

中国の教育を総体的に理解するためには、教育研究分野での研究活動とともに、教育政策と教育実践についての分析も不可欠である。しかし、「主体性」の育成に関する上記の先行研究は、教育研究レベルにとどまっており、理論的に「主体性」の育成と「素質教育」や教育改革との関連性を論じるものがあっても、「主体性」という視点を取り入れた教育政策や教育実践についての分析は行われていない。そのため、「主体性」育成に関する研究の成果がどのように、そしてどこまで教育改革に反映されているのか、また教育実践における「主体性」育成の実態と課題はどうなっているのかを、明確に示すことができていない。

2　日本における先行研究

　日本の場合、中国における「素質教育」や2001年に行われた基礎教育課程改革についての研究は数多く存在する。試みに国立国会図書館の所蔵資料の検索システムである「NDL-OPAC」で「中国、素質教育」というキーワードで検索をかけると、44件の結果が出てくる。また、国立情報学研究所（NII）の提供による日本語の論文や図書・雑誌などの学術情報を探すことができるデータベース・サービスである「CiNii」で「中国、素質教育」というキーワードで検索すると67件の検索結果が出た。さらに同じキーワードで日本比較教育学会「比較・国際教育情報データベース」で検索すると13件の研究が表示された。検索されたこれらの先行研究は以下のように分類される。すなわち、①南部広孝[39]、篠原清昭[40]のように、中国の学校教育体系、規模、教育改革の背景・内容・実施の方法の全般にわたって中国の教育改革を紹介するもの、②大塚豊[41]、一見真理子[42]、染谷由香里[43]、姜英敏[44]、杜威[45]、唐寅[46]、費駿鬮[47]などのように、カリキュラムの変化から中国の教育改革や「素質教育」について分析するもの、③福田隆真・山田晃子[48]、財団法人教科書研究センターによって平成14年にスタートされた「中国の教育課程改革と新しい教科書――歴史教科書を中心に」という共同研究[49]で取り組まれていたように、中国の教育改革の方向を探るため、

2001年基礎教育課程改革を経て、新しく作成された教科書の内容構成や特徴について分析するもの、④Liu Yu[50]、橋迫和幸・李紅海[51]、李春[52]、程卓[53]のように、「素質教育」の概念の形成、「素質教育」の理念と内容、「素質教育」の実施方法、「素質教育」の実施上の問題点など「素質教育」そのものに対する考察を行うもの、⑤一見真理子[54]、南部広孝・楠山研[55]、謝安邦[56]、徐征[57]、趙晋平[58]、項純[59]、李霞[60]が行った先行研究のように、学力観の転換や教育目標、教育内容、教育方法、教育評価の改革という視点から中国の教育改革について分析するもの、さらに、⑥田奕[61]による経済発展の観点から「素質教育」について分析するもの、などである。

　これらの先行研究は、中国の「素質教育」や教育改革の新しい動向及び全体像の解明に重要な示唆を与えているものの、「素質教育」が主として中国の教育改革を紹介する研究のなかで部分的に取り扱われていたり、中国の教育政策文書、カリキュラムや教科書などを分析したりするものがほとんどである。一方で、教育研究レベルや教育実践レベルに立脚した「素質教育」についての分析が欠けている。そのため、「素質教育」のありかたについて、十分な検討がなされているとは言い難い。

　一方、日本における中国の「主体性」概念について分析したものも確認された。これらの分析は、経済発展という視点に立つもの、歴史学・文学の視点に立つもの、教育学の視点に立つものの3つに分類される。

　まず、経済発展という視点に立つものとして、長友昭[62]、鈴木敬夫[63]等による経済発展に伴う中国の農民や出稼ぎ労働者、さらに、受刑者の主体性の変化について分析したものが挙げられる。次に、歴史学・文学の視点に立つものとして、笠原仲二と斉藤哲郎の研究が挙げられる。笠原は歴史学の分野から、中国古代における人間の解放と主体性の自覚は政治的支配階級の一部の者に限られており、一般民衆を意味するものではないと指摘している[64]。また、斉藤哲郎は文学の視点から、1980年代の中国の「主体性論争」について分析を行い、論争において人間や創作主体の作用を無視した文革までの文学の状況についての反省がなされ、作家の創作の主体性や、人間を手段ではなく目的とした文学活動が主張されるようになったと指摘している[65]。

他方、教育学の視点に立つものとしては、呉魯鄂[66]、杉本均・李霞[67]及び李霞[68]による研究が僅かにあるのみである。呉は、中国の大学における日本文学の教育実践を事例に大学生の主体性を発揮させる授業空間作りについての試みを行い、結論として大学生の主体性を発揮させることは、文学における彼らの視野の拡大につながること、またそのためには時代と結びつく勉強法及び多様な文学手法の実施の重要性を指摘した。また、杉本と李は日中比較という視点を取り入れ、主体性というキーワードで2001年の中国の基礎教育課程改革によって新しく公布された道徳教育に関するカリキュラムについての分析を行い、基礎教育課程改革以降の道徳教育実践の特徴を探った。その結果、教育改革によって、道徳教育のカリキュラムにおける児童の個性や人格の尊重に対する配慮が見られる一方、教育実践において、教師は児童の個性と主体性に対する配慮が足りていないことを指摘している。さらに、李は中国の教育研究分野における「主体性」をめぐる議論の展開について検討を行い、また国語科を事例に2001年基礎教育課程改革以降、「主体性」を尊重する教育理念がどのように教育課程政策や教科書に盛り込まれ、教育実践に反映されているのかについて詳細な分析を行った。李は1980年代以降、「主体性」育成の研究において「主体性」の捉えかたや、育成方法についての理論が練り直され続けてきたと指摘している。また、2001年基礎教育課程改革以降、「主体性」を尊重する教育理念が、教育課程政策や教科書にも盛り込まれている一方、教育実践において、児童の「主体性」が必ずしも十分に尊重されていないと結論づけた。

　以上の先行研究は重要な知見を示しているものの、多くの課題も残っている。すなわち、まずこれらの先行研究においては、現在の中国における「素質教育」の特徴を知る手掛かりである「主体性」という概念の持つ具体的な意味内容についての検討がなされていない。そのため、「主体性」というキーワードで分析を行うこれらの先行研究の分析枠組みそのものが明確化されていないということである。また、先述したように、中国の教育のありかたを全面的に理解するためには、教育研究レベル、教育政策レベル、教育実践レベルを統合して分析する必要がある。しかし、日本における先行研究に

おいても、中国の教育改革や「素質教育」について、こうした統合的な視野からの分析が欠けているのである。

第3節　研究目的・論文構成

　本書は、中国における「素質教育」のありかたを知る一歩として、近年、中国の教育改革において重視されてきた「主体性」という概念とはいかなるものであるのか、2001年以降、「主体性」育成の実態や存在している課題は何かを明らかにすることを研究目的とする。この目的を達成するために、以下の3つの研究課題を設定する。
　　①中国の教育研究分野において1989年に初めて提起され、2001年基礎教育課程改革にも影響を与えたとされる、「主体性」概念の持つ具体的な意味内容とは何か。
　　②現在（本書の検証では2010年までとする）、教育政策（課程政策も含む）において「主体性」はどのように捉えられ、「主体性」育成研究と教育政策の策定との関係はどうなっているのか。
　　③2001年以降、「主体性」を尊重する教育理念がいかに教育実践に反映されているのか、どのような課題が存在しているのか。
　課題①について、1989年に「主体性」概念が初めて教育研究分野で提起されて以降、政治的、経済的情勢の影響を受けていたため、「主体性」概念の持つ具体的な意味内容は変化し続けてきた。そこで1989年以降、「主体性」という概念の持つ具体的な意味内容がどのように変化してきたか、その変化を促す背景となるものは何であるかについて分析することは、現在、中国の教育研究分野で論じられている「主体性」という概念を考える上で必要不可欠である。また、現在、中国の教育研究分野で論じられている「主体性」概念の持つ具体的な意味内容を明らかにすることは、教育政策及び教育実践における「主体性」について分析するための枠組みを提供することにもなると考えている。
　課題②について、中国では長期にわたって、教育研究活動は教育政策に示

される方向にしたがって展開されてきた経緯があり、教育研究レベルでの議論は必ずしも政策の策定に影響を与えてこなかった。しかし、近年教育改革の進展に伴い、教育研究活動と教育政策の策定との関係において変化が見られ始めた。特に、1997年以降、教育政策の策定に示唆を得るために、中国政府は積極的に教育研究活動を組織し、「主体性」育成研究を含む教育研究の成果を教育改革にも取り入れるようにしている。教育政策における「主体性」に対する捉えかたや、「主体性」育成研究と教育政策の策定との関係を究明することは、「主体性」育成研究の成果がどのように、そしてどこまで教育政策に反映されているのかを明らかにするだけではなく、教育改革を行っても変わらない中国の教育の目標と教育方針が存在するのかを明らかにし、教育改革についてより深く検討することができる。このことはさらに、中国の教育を支える基盤となる考えかたや教育改革の方向の解明にもつながる。

　課題③について、経済的格差などの理由で、これまで中国では教育政策で打ち出されている教育方針や理念が必ずしもうまく教育実践に反映されてこなかった実態と関連する[69]。つまり、教育実践と教育理念との乖離が中国の教育における1つの懸案となっている。そのため、2001年基礎教育課程改革以降の中国における教育実践の実態について分析することは、教育政策に確立された「主体性」を尊重する教育理念が、どのように、そしてどこまで教育実践に反映されているのかを解明する有効な手段であり、教育改革の現状と課題の究明につながる。

　以上の3つの研究課題を明らかにするために、本書において、以下の作業を行う。まず、第1章では、1980年代以降の中国の教育研究分野における「主体性」の育成をめぐる理論的研究の時代的変遷について検討する。「主体性」概念が教育研究分野で登場するきっかけとして、1980年代初頭に中国の教育研究分野で行われた教授・学習過程における教師と学習者の主体・客体関係に関する論争と「教育と人間」に関するシンポジウムの開催が挙げられる。そこで、この章では、「主体性」概念が教育研究分野で登場するこの2つのきっかけに続き、「主体性」育成研究の萌芽、「主体性」育成研究の

探索と確立、「主体性」育成研究の深化と発展の3つの時期を追って分析する。特に、研究者たちに激しく議論された「主体性」育成の目的と方法に焦点をあてて分析を行い、現在教育研究分野で言及されている「主体性」概念の持つ具体的な意味内容を究明し、中国における「主体性」育成に関する理論的研究の現状と課題を明らかにする。

第2章では、「主体性」育成に関する実験的研究の展開について扱う。この章では、中国における「主体性」育成研究の第一人者である裴娣娜の研究に焦点をあて、その理論と実験の対応関係を見ることによって、中国で構想されている「主体性」の育成方法の具体的実像を究明し、「主体性」育成に関する実験的研究の成果と課題を明らかにする。具体的には、1992年から2005年までに展開されてきた裴の2つの実験のそれぞれについて、育成すべき人間像、実験の内容及び実験の成果と課題に焦点をあて検討する。その際に、裴の実験的研究において「主体性」の内容構成、特に「社会性」がどのように捉えられているのか、そして、「主体性」を育成する教育方法の開発（具体的には教材の選定、学習形態や教育評価）において、どの程度児童の自立的な探究が配慮されているのかに注目する。

第3章では、「主体性」をめぐる教育政策の変遷について扱う。この章では、文革終結後の1977年までさかのぼり、2010年までの約30年間に打ち出された主な教育政策について、基礎教育段階、特に初等教育段階における育成すべき人間像及びその育成方法の変遷を中心に分析を行う。このことを通じて、教育政策における「主体性」に対する捉えかたを究明するとともに、「主体性」育成研究と教育政策の策定との関係を明らかにする。なお、文革終結後から2010年に至るまでの教育政策の変遷は、①文革の終結が宣言された1977年8月に開かれた中国共産党の第11回全国代表大会を起点に、教育の回復と再建が図られた「回復再建」期（1977年-1984年）、②1985年に「教育体制の改革に関する決定」が公布されたことを契機として、社会主義現代化建設を進めるために民族の素質の向上が重視されるようになった「迅速発展」期(1985年-1996年)、③1997年の「当面積極的に中学・小学における素質教育を実施することに関する意見」の公布によって、国際化・情報化

社会に対応する生涯学習思想に基づく未来志向の教育改革をスタートさせた「改革創新」期（1997年－現在）の三期に分けられる。

　第4章では、課程政策について扱う。この章では、小学校における国語科を事例に、国語の課程標準（日本の学習指導要領に相当する）及び国語教科書について分析を行う。まず、中華人民共和国が成立してから2000年までの各時期に出された国語課程政策の変遷を概観し、中国における国語教育の伝統的な特徴を明らかにする。次に、2001年基礎教育課程改革を経て、「主体性」を尊重する教育理念がどのように国語科に反映されているのかを明らかにするために、2000年国語教学大綱と2001年の国語課程標準における国語教育の目標・内容、「読み」の目標についての比較分析に続き、2000年教学大綱版国語教科書と2001年課程標準版国語教科書の編成についても比較分析を行う。

　最後に、第5章では、「主体性」を尊重する教育理念がどのように教育実践に反映されているのかについて、その実態を明らかにし、そこに存在している課題を究明するために小学校における国語教育実践を事例に分析を進める。この章において、まず、2001年基礎教育課程改革推進の状況や調査対象について紹介を行う。次に、中国の小学校6年生の国語教育実践の「マッチ売りの少女」を事例に、学習目標や教師の指導言の特徴、教師と児童の間の言葉のやりとり、児童の読みに焦点をあて分析を行う。続いて、他の小学校数校で観察した授業についても取りあげ、それらに共通する特徴を明らかにする。その後に、2011年11月に筆者が中国で行った追加調査の状況について検討する。最後に、本章で取り扱った教育実践についての調査結果を踏まえて考察を行う。

第4節　本書における「主体性」概念の検討

　文革終結後の1970年代末、文革期間中に人間が無産階級闘争の道具にされていたことに対する反省が全国規模で盛んに行われたことを背景に、人間の主体性が注目され、「主体性」という概念が中国の哲学分野で率先して論

じられるようになった。その後、「主体性」をめぐる議論は次第に、文学、美学、歴史学、教育学分野へと広がっていった。中国における「主体性」という概念の起源や、哲学概念として「主体性」の持つ本来の意味についての検討が本書の目的ではない。繰り返しになるが、1989年に教育研究分野で提起され、2001年基礎教育課程改革にも影響を及ぼした「主体性」という概念とはいかなるものであるのか、2001年以降、「主体性」育成の実態や存在している課題は何かを究明することが本書の目的である。しかし、本書の論述をスムーズに展開させることを考えると、ここでキーワードである「主体性」の意味合いに触れずにはいられない。したがって、本書のキーワードである中国の教育研究分野で論じられている「主体性」という言葉の持つ意味について以下に検討しておく。

現在、中国の教育研究分野で論じられている「主体性」という言葉の英訳としては「Subjectivity」という英単語が使われている。オックスフォード大辞典を手掛かりに「Subjectivity」に対する定義を確認していくと、「Subjectivity」に対する解釈は以下のようになっている。即ち、①Consciousness of one's perceived states ②The quality or condition of viewing things exclusively through the medium of one's own mind or individuality; the condition of being dominated by or absorbed in one's personal feelings, thoughts, concerns, etc; hence, individuality, personality ③The quality or condition of resting upon subjective facts or mental representation; the character of existing in the mind onlyである[70]。「Subjectivity」に対するこうした解釈から、個人の意思、思考、判断、感情など個人の内在的なものが強調されていることがうかがえる。

それでは日本ではどうだろうか。「主体性」を辞書で調べてみると、「行動する際、自分の意志や判断に基づいていて自覚的であること。また、そういう態度や性格をいう。自己の意志で行動しながら、真の自分自身を実現していく態度」[71]、「行動の中心になるものが持つ自発的な能動性。考え、感じ、体験し、行動する自由を持っている、人間の自主的・能動的な性質・態度」[72]、「はっきりした自分独自の意思・主義を堅持して行動する態度」[73]、「認識や行為の主体でありまたそれらに責任をとる態度のあることを言う」[74]などの説

明が行われている。また、「主体性」の研究を行う研究者によって、「主体性」については「周囲の人の言動や自己のなかの義務感にとらわれず、行為の主体である我として自己の純粋な自由な立場において自分で選択した方向へ動き、自己の立場において選択し、考え、感じ、経験すること」[75]、「主導権を握ってコントロールする立場、動かす立場に立っている、というありかたを意味する」[76]といった解釈が行われている。これらの解釈から、日本における「主体性」という概念も個人の意思、認識、考え、判断など個人の内在的なものを強調する概念であることがわかる。

　一方、中国では、「主体」という言葉は辞書にあっても、「主体性」という言葉は辞書にはない。その理由の1つとしては「主体性」は中国の諸分野で非常に議論を集める概念であることが挙げられる。教育研究分野を例にしてみると、「主体性」概念の内容は、その時代や論者によって多様であり、統一的な定義を導き出すことは難しく、約20年間の議論が積み重ねても、「主体性」という概念に対する統一的な認識が形成されていない。また、「主体性」に似た概念として、「自主性」、「能動性」、「独立性」などの言葉が辞書で確認されるが、後述するように中国の教育研究分野において、これらの言葉は「主体性」の内容構成として捉えられている。そのため、これらの言葉は本書でいう「主体性」とは異なるものである。

　第1章での分析結果を先取りして、あえて理論上の共通項を導くならば、中国において、教育研究分野で論じられている「主体性」は「自主性、能動性、創造性」を含み、「社会性」とも関係する概念であり、個人が、自らの意思にしたがって選択を行い、物事に積極的に関わる自立した態度や新しいものを作りだす創造的な意欲と能力、また、社会をより良くするために他者との協力や連携を保つ態度と能力である、とまとめられる。自立した態度・能力が重視されていることから、中国の教育研究分野で論じられている「主体性」という概念が個人の意思、認識、考え、判断など個人の内在的なものを強調する「Subjectivity」、そして日本語の「主体性」という術語との共通点もうかがえる。しかし、先行研究についての分析から述べたように、中国における「主体性」育成研究においては個人の選択の自由が欠けていること

や、「主体性」を論じる時に「利用と育成」の一側面が強調されるなどの指摘が見られる。加えて、第1章において述べるように、中国における「主体性」育成をめぐる議論は1989年のいわゆる「天安門事件」を契機に起こった、中国政府の「資産階級自由化」への引き締めに大きく影響されていた。そのため、上記の中国の教育研究分野における「主体性」という概念に含まれる「自立的」や「自らの意思」という用語も、中国の文脈において解釈される必要がある。

中国の教育研究分野で論じられている「主体性」概念の特徴は、1990年代の「主体性」育成研究の先駆者である、王道俊と郭文安の「教育の主体性を論じる」という論文で象徴的に示されている。すなわち、両者がデューイの児童中心主義思想を批判して、「デューイのように児童の発達過程そのものを教授・学習過程と同一視する見方は、児童の自発的な行動を助長するものであり、資産階級政治のために奉仕する思想である」[77]と述べているように、「主体性」概念は、彼らの理論において、児童の自発的な行動とは矛盾するものと捉えられている。また、1992年に王道俊と郭文安によって「社会性」が新たに「主体性」の内容構成として提起されて以降、学習者一人ひとりの「自主性、能動性、創造性」の育成とともに、学習者個人と社会との関係を意識した「社会性」の育成も「主体性」育成に関する理論的研究の重点とされ続けてきた。

そして、第2章で検討する1992年に公式プロジェクトとして採用された、裴娣娜を中心とする「主体性発達実験」における分析枠組みからも、中国の教育研究分野で論じられている「主体性」の特徴が明らかになる。これも結論を先取りしていうならば、その実験の中で開発された児童の主体性行為発達の測定尺度において、Aレベル（高いレベル）の指標として、「優等生になるように努力し、成功を求める」、「積極的に活動に参加し、勝つように努力する」、「利己的ではなく、喜んで人を助ける」といった指標が示されている。これらの指標からわかるように、そこでの「主体性」の内容構成は、社会的集団原理に基礎をおくなかでの「成功」や「競争」を志向するものである。また「主体性」の発達に影響を与える要素として、思想・品徳、科学に対す

る態度、人格などの思想的誘導が含まれる点も特徴的である[78]。

　以上、中国の教育研究分野における「主体性」という概念の持つ特徴を踏まえて、本書では、「主体性」は「自主性、能動性、創造性」を含み、「社会性」と関係する概念とする。その具体的内容とは、学習課題に取り組む際に、積極的に考え、能動的に情報を収集・選択し、他者と交流しながら自らの考えを深め、問題解決の過程を積極的に体験し、創造的に問題を解決する方法を見つける学習者の態度と能力のこととひとまず定義しておく。

　先述したように、中国の教育研究分野における「主体性」という概念が自立した態度・能力を強調している点においては、個人の意思、認識、考え、判断など個人の内在的なものを強調する「Subjectivity」、そして日本語の「主体性」という術語との共通点がうかがえる。しかし一方で、中国の教育研究分野における「主体性」という概念は、個人と社会集団との関係を問う「社会性」を強調している。また「主体性」の定義に現れていないが、中国における「主体性」という概念は、児童の自発的な行動とは矛盾するものと捉えられていること、さらに、思想的誘導が含まれていることといった特徴がある。そのため、「主体性」育成の目的や育成方法について、中国と日本、そして「Subjectivity」という言葉を用いる国とは必ずしも同じでないことが想定される。これらの点に注目しながら、本書の分析を進めていく。

　本論に入る前に、中国における現行の学校教育体系などについて説明しておく（図序-1）。

　中国の普通学校段階は、小学（日本の小学校に相当）、初級中学（日本の中学校に相当）、高級中学（日本の高等学校に相当）、大学へと続いており、基本的に日本のような6－3－3－4制となっている（小学と初級中学において5－4制を実施する場合も一部見られる）。小学校の入学年齢については、法規上では6歳入学と定められているが、7歳入学を実施しているところも多く存在している。また、小学校6年間と初級中学校3年間の合わせた9年間が義務教育を実施する期間とされている。なお、中国において、学校教育における「基礎教育段階」とは主として義務教育段階（小学と初級中学の合わせた9年間）のことを意味する。

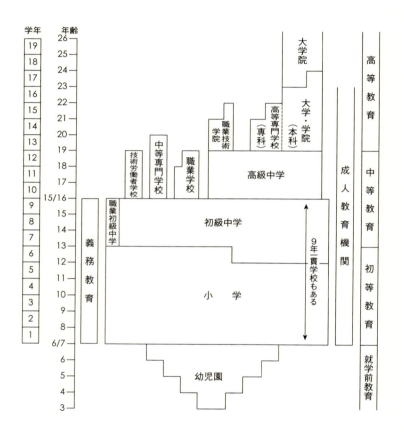

図序-1　中国における現行学校系統図
出典：楠山研『現代中国初中等教育の多様化と制度改革』東信堂、2010年、p.57

中国の場合、ほぼすべての学校段階に在籍する学習者が「学生」と称されている（幼稚園児は「児童」と称されている）。本書は日本語で出版され、日本人読者にも理解していただけるよう、学校段階を特定せず、学習者全般を指す場合には「学習者」、小学校に在籍している学習者を示す場合には「児童」、中学校に在籍している学習者を示す場合は「生徒」、小学校と中学校に在籍している学習者を示す場合は「児童生徒」、大学に在籍している学習者を「大学生」と表記する。

　注
1　中国共産党中央委員会「関於教育体制改革的決定」1985年5月27日、何東昌主編、『中華人民共和国重要教育文献（1976〜1990）』海南出版社、1998年、pp.2285-2289。
2　中華人民共和国国務院「中国教育改革発展綱要」1993年2月13日、何東昌主編、『中華人民共和国重要教育文献（1991〜1997）』海南出版社、1998年、p.3471。
3　中華人民共和国国家教育委員会「関於当前積極推進中小学実施素質教育的若干意見」1997年10月29日、何東昌主編、同上書、p.4289。
4　「素質教育」とは、労働者の素質、国民の素質そして民族の素質の向上を趣旨とする教育思想のことであり、①一部の優秀な人材の育成に重点がおかれた教育からすべての学習者の素質の向上を図る教育への転換、②知育を重視した教育から学習者の全面的な発達（徳、知、体、美、労）を図るための教育への転換を目指すものである。
5　筆者が2007年3月に、中国の湖南省C市の小学校数校において、複数名の教師にインタビューを行った際、教師が示した2001年基礎教育課程改革に対する評価である。また、上記の教師たちと同じ意見を持つ教育者や研究者が大勢いるということが2008年6月1日に北京師範大学教授の王本陸氏に対するインタビューでも確認された。
6　中華人民共和国教育部『全日制義務教育語文課程標準（実験稿）』北京師範大学出版社、2002年、p.2。なお、他の教科の課程標準においても児童生徒を学習の主体と位置づけていることが確認された。
7　同上書、pp.15-18。
8　李霞「文革後中国における児童の『主体性』育成研究に関する考察」『京都大学大学院教育学研究科紀要』第56号、2010年、pp.57-69。
9　劉俊林「論『素質教育』中的主体性教育」『高等教育研究』2001（12）、2001年、pp.19-20。朱家存「論主体性与『素質教育』」『煤炭高等教育』1997（4）、1997年、pp.14-16。劉文良「学生主体性的発揮与『素質教育』」『株洲教育学院学報（総合版）』1998（1）、1998年、pp.38-40など。
10　『主体教育与我国基礎教育現代化発展的理論与実験研究』課題組編、『主体教育与我国基礎教育現代化発展的理論与実験研究（第1集）』北京師範大学教育科学研究所、2002年、p.230。なお、筆者が2008年6月13日に北京にて実施した北京師範大

学教授の裴娣娜に対するインタビューからも同じ情報を確認した。
11 中華人民共和国国家教育委員会、前掲書、1997年10月29日。
12 ここで取り上げる本科課程に就学している対象とは、普通高等教育を受ける学生、成人高等教育を受ける学生、高等教育独学試験卒業者のことである。南部広孝「中国における高等教育の質保証」『学習成果アセスメントのインパクトに関する総合的研究（中間報告書）』平成21年度プロジェクト研究調査研究報告書、研究代表者深堀聰子、2010年、p.19。
13 王道俊・郭文安「譲学生真正成為教育的主体」王道俊・郭文安主編『主体教育論』人民教育出版社、2005年、pp.51-57（初掲載は『教育研究』1989（9））。王道俊・郭文安「試論教育的主体性」王道俊・郭文安主編、前掲書、pp.58-70（初掲載は『華東師範大学学報（教育科学版）1990（4））。王道俊・郭文安「関於主体教育思想的思考」王道俊・郭文安主編、前掲書、pp.71-84（初掲載は『教育研究』1992（11））。
14 裴娣娜「我国現代化教学論発展中的若干認識論問題」『高等師範教育研究』1990（4）、1990年、pp.32-38。裴娣娜「小学生主体性発展実験与指標体系的建立測評研究」『教育研究』1994（12）、1994年、pp.53-59。裴娣娜「教育実験評価体系的建立及其方法論思考——構建少年児童主体性発展測評体系研究的初歩報告」『教育研究』1996（1）、1996年、pp.5-8。裴娣娜「主体教育的理論探析」『教育研究』2004（6）、2004年、pp.13-15。
15 王策三「主体教育芻議」『北京師範大学学報（社科版）』1994（4）、1994年、pp.80-87。
16 黄崴「主体性・主体性教育・社会発展」『未来与発展』1994（4）、1994年、pp.30-33。黄崴「完整地理解主体性和主体性教育」『教育研究』1995（10）、1995年、pp.36-37。黄崴「試論作為本体的、価値的、実践的主体性」『河南師範大学学報（哲学社会科学版）』1997（2）、1997年、pp.8-12。黄崴『主体性教育論』貴州人民出版社、1997年。
17 肖川「従建構主義学習観論学生的主体性発展」『教育研究与実験』1998（4）、1998年、pp.1-5。肖川「論教学与交往」『教育研究』1999（2）、1999年、pp.58-62。肖川『主体性道徳人格教育』北京師範大学出版社、2002年。
18 田慧生「論学生主体地位的確立与教学実践重心的転移」『教育研究』1989（8）、1989年、pp.40-44。王道俊「主体教育論的若干構想」王道俊・郭文安主編、前掲書、pp.21-50（1990年2月草稿、2005年5月書きなおし）。王道俊「在困惑中求索」『教育研究与実験』2005（2）、2005年、pp.3-8。魯潔「論教育之適応与超越」『教育研究』1996（2）、1996年、pp.3-6。張天宝「試論主体教育的過程観」『教育理論与実践』1997（3）、1997年、pp.2-8。張天宝『主体性教育』教育科学出版社、1999年。馮建軍「走向主体性的教育哲学観引論」『教育理論与実践』1998（18）、1998年、pp.11-16。馮建軍『現代主体性教育』江蘇教育出版社、2000年。馮建軍「主体教育的歴史透視」『南通大学学報（教育科学版）』2005（12）、2005年、pp.1-4。和学新『主体性教学研究』甘粛教育出版社、2001年。
19 劉俊林、前掲論文、p.19。
20 朱家存、前掲論文、p.14。
21 劉文良、前掲論文、p.38。
22 王嘯「試論主体性教育的人学基礎」『教育理論与実践』1999（8）、1999年、pp.8-11。

23 孫迎光「走出教育界主体熱的迷宮」『社会科学』1998（8）、1998年、pp.35-38。
24 呉航「我国主体性教育理論研究的現状及反思」『華中師範大学学報（人文社会科学版）』2000（11）、2000年、pp.136-142。
25 馮建軍、前掲論文、1998年、pp.11-16。
26 裴娣娜編『現代教学論（第三巻）』人民教育出版社、2005年、pp.1-40。『主体教育与我国基礎教育現代化発展的理論与実験研究』課題組編、『主体教育与我国基礎教育現代化発展的理論与実践研究課題研究工作報告』北京師範大学教育科学研究所、2005年、pp.29-32。
27 李吉林「情境教学的理論与実践」『人民教育』1991（5）、1991年、pp.29-35。李吉林「情境教育的探索与思考」『教育研究』1994（1）、1994年、pp.52-59。李吉林「為全面提高児童素質探索一条有効途径-従情境教学到情境教育的探索与思考」『教育研究』1997（3）、1997年、pp.33-41。
28 劉京海『成功教育』福建教育出版社、1993年。
29 劉可欽、周玉仁「小学生数学学習主体性発展初探-兼談低年級実験研究」『課程・教材・教法』1996（6）、1996年、pp.15-20。
30 張天宝、前掲書、1999年、pp.152-161。
31 李志宏・郭元祥主編『主体性教育的理論与実践』湖南教育出版社、1998年。
32 張天宝、前掲書、1999年、pp.124-125。
33 涂艶国「主体教育理論研究的現状与趨勢」『教育研究与実験』1995（3）、1995年、pp.1-4。
34 楊小薇「順応現代化潮流、発展学生的主体性」『教育改革』1996（2）、1996年、pp.1-5。
35 張家軍・李森「主体性教育研究的現状与展望」『教育理論与実践』1999（9）、1999年、pp.16-19。
36 岳偉・涂艶国「我国主体性教育研究30年回顧与展望」『中国教育学刊』2009（6）、2009年、pp.20-23。
37 李英「我国主体教育実験的回顧、反思与展望」『教育理論与実践』2001（9）、2001年、pp.9-13。
38 王攀峰「主体性教育実験的回顧与反思」『当代教育論談』2005（2）、2005年、pp.33-37。
39 南部広孝「現代中国の教育改革」原清治・山内乾史・杉本均編『教育の比較社会学』学文社、2004年、pp.189-207。
40 篠原清昭「中国」日本教育経営学会編『諸外国の教育改革と教育経営』玉川大学出版部、2000年、pp.75-87。
41 大塚豊「中国における中等学校の多様化・個性化-カリキュラム改革と『成功教育』」『中等学校の多様化・個性化政策に関する国際比較研究』平成13-15年度科学研究費補助金・基盤研究（A）(1) 研究成果報告書、2004年、pp.177-193。
42 一見真理子「教育改革の方向と重点定まる-『素質教育』の発展基礎に、科学技術立国目指す中国」『内外教育』(5040) 1999年8月1日、pp.5-7。 一見真理子「世界の動き『素質教育』の推進に取り組む-中国における初中カリキュラム改革の動向」『内外教育』(5190) 2001年3月7日、pp.2-4。
43 染谷由香里「中華人民共和国『小学語文教学大綱』にみる写字教育の展開」全国大学国語教育学会編『全国大学国語教育学会発表要旨集』、2001（101）、2001年、

pp.88-91。
44　姜英敏「中国の学校教育における基礎教育カリキュラムの改革動向」筑波大学比較・国際教育学研究室編『比較・国際教育』第12号、2004年、pp.135-141。
45　杜威「中国の新算数・数学教育課程の動向と内容について：創造性を中心に」『日本科学教育学会年会論文集』2005（29）、2005年、pp.259-262。
46　唐寅「『素質教育』の登場とカリキュラム改変」日本教育経営学会『諸外国の教育改革と教育経営』玉川大学出版部、2000年、pp.218-223。
47　費駿闖「中国における『素質教育』に関する研究-義務教育カリキュラム改革を中心に-」中国四国教育学会『教育学研究紀要』2000（46）、2000年、pp.483-488。
48　福田隆真・麻麗絹・段薇清・山田晃子・李金定「中国における新教育課程と美術教育について（教科教育、教材、教育方法）」『山口大学教育学部附属教育実践総合センター研究紀要』2004（18）、2004年、pp.53-62。
49　諸外国の教科書に関する調査研究委員会編『中国の教育課程改革と新しい教科書——歴史教科書を中心に』（中間報告書）諸外国の教科書に関する調査研究委員会、2003年。
　　　諸外国の教科書に関する調査研究委員会編『中国の教育課程改革と新しい教科書——歴史教科書を中心に』（最終報告書）諸外国の教科書に関する調査研究委員会、2006年。
50　Liu,Yu「中国の『素質教育』実施下のカリキュラム改革に関する実証的研究-上海市のカリキュラム改革を事例として」『中央大学大学院研究年報（文学研究科篇）』2002（32）、2002年、pp.147-165。Liu,Yu「中国の『素質教育』の意味の多義性——『素質』概念の形成過程の検討を通して」『中央大学大学院研究年報（文学研究科篇）』2004（34）、2004年、pp.165-174。
51　橋迫和幸・李紅海「中国における『独生子女』問題と『素質教育』」『宮崎大学教育文化学部紀要（教育科学）』2003（9）、2003年、pp.29-41。
52　李春「『素質教育』の実施上の問題点に関する思考」『日本獣医畜産大学研究報告』2001（50）、2001年、pp.83-88。
53　程卓「中国青年の『素質教育』について」『関西教育学会紀要』2004（28）、2004年、pp.56-60。
54　一見真理子「中国における学力観の転換——『素質教育』の意味するもの」論文集編集委員会編『学力の総合的研究』黎明書房、2005年、pp.113-124。
55　南部広孝・楠山研「中国における理科教育の改革動向」『理科の教育』(633)日本理科教育学会、2005年、pp.20-22。
56　謝安邦「中国における学力向上策-基礎教育課程の改革-」『比較教育学研究』2003（29）、2003年、pp.16-24。
57　徐征「日本の学力論の変遷と中国の『素質教育』論」『新潟産業大学人文学部紀要』2001（12）、2001年、pp.71-78。
58　趙晋平「中国の才能教育に対する一考察——『素質教育』をめぐって」『九州教育学会研究紀要』2002（30）、2002年、pp.123-130。
59　項純「『素質教育』をめざす中国の教育評価改革」『教育目標・評価学会紀要』第16号、2006年、pp.42-52。
60　李霞「文革後中国の教育政策における育成すべき人間像と育成方法の変遷」『京都大学大学院教育学研究科紀要』第58号、2012年、pp.129-141。

61　田奕「中国の『素質教育』についての検討:経済の高度成長期における日本の教育政策の比較」『人文学報（教育学)』2000（35）、東京都立大学人文学部、2000年、pp.101-121。
62　長友昭「中国における農村土地請負経営権の主体性と権利性──2契約書の分析を通して」『中国研究月報』2006（12）、2006年、pp.21-34。
63　鈴木敬夫「中国における死緩受刑者の主体性と尊厳──団藤重光博士の死刑廃止論にふれて」『札幌学院法学』1995（2）、1995年、pp.35-77。
64　笠原仲二「中国古代に於ける人間の解放とその主体性の自覚」『立命館文学』1950（76）、1950年、pp.9-20。
65　斉藤哲郎「主体性論争と中国──胡風・劉再復・ルカーチ」『思想』1991（12）、岩波書店、1991年、pp.76-91。
66　呉魯鄂「学生の主体性を発揮させる授業空間作り──中国武漢大学日本言語文学学部日本文学の教室を事例として」『嘉悦女子短期大学研究論集』2000（77）、2000年、pp.17-34。
67　杉本均・李霞「中国と日本の道徳教育に見られる児童・生徒主体性──その理念と実践に関わって」『京都大学大学院教育学研究科紀要』第52号、2006年、pp.27-46。
68　李霞「国語の『読解』指導における児童の主体性に関する日中比較──教育課程政策と教科書の分析に焦点をあてて」『京都大学大学院教育学研究科紀要』第54号、2008年、pp.385-397。李霞「中国の国語教育における児童の主体性に関する一考察──小学校における授業の事例研究」『教育目標・評価学会紀要』第18号、2008年、pp.56-66。李霞「中国における児童の『主体性』育成に関する理論と実践の展開──裴娣娜の研究に焦点をあてて」『教育目標・評価学会紀要』第21号、2011年、pp.37-46。
69　楠山研『現代中国初中等教育の多様化と制度改革』東信堂、2010年。杉本均・李霞、前掲論文、2006年。
70　JAMES A.H.MURRAY,HENRY BRADLEY,W.A.CRAIGIE, "THE OXFORD ENGLISH DICTIONARY" Volume X,PRINTED IN GREAT BRITAIN AT THE UNVERSITY PRESS,OXFORD BY VIVIAN RIDLER PRINTER TO THE UNVERSITY.1970,p.26。
71　日本国語大辞典第二版編集委員会、小学館国語辞典編集部『日本国語大辞典』小学館2001年6月20日第二版第六巻第一刷、p.1391。
72　梅棹忠夫・金田一晴彦・阪倉篤義・日野原重明監修『日本語大辞典（第二版）』講談社、1989年11月6日初版発行、1995年7月3日第二版第一刷発行、p.1019。
73　三省堂『広辞林第六版（机上版）』三省堂、1984年3月10日、p.942。
74　廣末渉、子安宣邦、三島憲一『岩波哲学・思想事典』岩波書店、1998年3月18日第1刷発行、p.744。
75　浅海健一郎「子どもの『主体性尺度』作成の試み」『人間性心理学研究』第17巻第2号、1999年、p.157。
76　藤野寛「主体性という理念とその限界」『高崎経済大学論集』第48巻第3号、2006年、p.203。
77　王道俊・郭文安、前掲論文、「試論教育的主体性」、1990年、p.63。
78　裴娣娜、前掲論文、「小学生主体性発展実験与指標体系的建立測評研究」1994年、pp.53-59。

第1章
「主体性」育成研究の理論的変遷

はじめに

　中国では、文革終結後の1970年代末から人間の主体性が注目されるようになった[1]。教育学分野においては、1981年に教授・学習（教学）過程における教師と学習者の主体・客体関係に関する論争に続き、1989年には学習者の「主体性」に注目が集まり、「主体性」のありかたやその育成をめぐって激しい議論が展開され続けてきた（詳細は後述）。

　本章では、研究者によって激しく議論された「主体性」概念の内容構成、特に「主体性」育成の目的と方法に焦点をあて、1989年以降の中国の教育研究分野における「主体性」の育成をめぐる理論的変遷を検討する。このことを通じて、現在中国において教育研究レベルで語られている「主体性」という概念の持つ意味内容を究明するとともに、「主体性」育成に関する理論的研究の課題を明らかにする。分析方法としては、「主体性」育成に関する先行研究を整理するとともに、2008年5月から2012年1月に至るまで、数回にわたって行った北京師範大学教授の王策三（元教授）、裴娣娜（Pei DiNa 元教授）、及び王本陸三氏に対するインタビューで得られた情報も検討に加える（以下、敬称略）。王策三と裴娣娜は中国における「主体性」育成研究の先駆者である。王本陸は1992年から裴が主催していた研究開発プロジェクトである児童「主体性」育成研究の主要メンバーであり、現在中国におけるカリキュラムと教授・学習理論の研究を行う専門家である。本章で挙げている代表的な研究者の選定については、中国の全国的なデータベース「中国知網」[2]を用いて、検索期間を1989年から2010年までに設定し、「教育と社会

科学総合」という分野を対象に「学生（中国では、小学校から大学までに在学するすべての学習者を「学生」と総称する）・主体性」をキーワードとして検索を行い、頻繁に引用される先行研究を選出した後、先述した三氏の意見を参考に絞ったものである。

　なお、分析にあたっては、各時期に見られる代表的な主張の特徴によって、中国における「主体性」育成研究を、①「主体性」育成研究の萌芽（1979年－1990年初頭）、②「主体性」育成研究の模索と確立（1990年半ば-1996年）、③「主体性」育成研究の深化と発展（1997年－2010年）の3つの時期に分けることとする。

第1節　「主体性」育成研究の萌芽──1979年から1990年初頭まで

1　主体・客体関係に関する論争と「教育と人間」に関するシンポジウム
──1979年から1989年まで

　「主体性」という概念が中国の教育研究分野に導入された背景には、教授・学習過程における主体・客体関係に関する議論の展開がある。文革終結後の1979年に開かれた全国教育科学会議において、当時中国社会科学院副院長の于光遠は「教授・学習認識の現象論（教学認識現象論）」と題した報告を行い、従来の教授・学習過程における教師による知識の伝授を重視した教育のありかたに疑問を示し、教授・学習過程における教師・学習者・環境の三者の関係に注目すべきだと提言した[3]。この于の報告は、後に教育研究分野に展開されていた教授・学習過程における教師と学習者の主体・客体関係に関する論争を引き起こすきっかけとなった。1981年に、元北京師範大学副学長の顧明遠は「学習者は教授・学習［過程－筆者］の客体でありながら、教授・学習［過程－筆者］の主体である（「学生既是教学的客体、又是教学的主体」）」という論文を発表し、教授・学習過程における教師と学習者の主体・客体関係に関する論争の幕を開いた。論争のなかでは、教授・学習過程において「教師が唯一の主体である」という意見や、「学習者が唯一の主体である」という意見、「教師と学習者はともに主体である」という意見、「教師は

主導的な立場にあり、学習者は学習の主体である」などの意見が相次いで主張されるようになった[4]。この論争において、研究者の間では一致した意見は見られなかったが、80年代の後半になり、学習者が教授・学習過程の主体であるという主張が普遍的な支持を得ることとなった[5]。

「1980年代の中国では、個性の発達、自己実現というスローガンが全国的な範囲で掲げられていた」[6]と王本陸が述べているように、文革終結後、政府の主導のもとで、中国の諸分野において文革期間中に人間が階級闘争を行うための道具にされていたことに対する反省が盛んに行われていた。これに加えて、改革開放政策の導入で西洋の思想文化が盛んに中国に紹介されたこともあり、1980年代は個人の権利に対する関心が高まった時期であった。また、計画経済体制から商品経済体制への転換に伴い、経済発展を促す高い素質を持つ国民の育成が中国社会における重要な課題になりつつあった。このような状況を受けて、中国政府は1985年に20世紀末における中国教育改革の方向を指し示す「教育体制の改革に関する決定」を公布し、それまで無産階級政治に奉仕することを強調してきた中央集権的な教育体制に対する見直しを行った。また、この1985年「決定」において初めて、高い素質を持つ人材の育成が教育の目標と定められた。これらの出来事を契機に、1980年代の半ばから「教育と人間」の関係が人々の注目するテーマとなり、中でも、1989年に開かれた「教育と人間」に関するシンポジウムがその頂点を飾る出来事となった。

1989年5月に『中国社会科学』編集部、『教育研究』編集部、中国教育学会及び華中師範大学教育学系（当時）の共同主催で、「教育と人間」に関するシンポジウムが湖北省の武昌で開かれた。このシンポジウムにおいては、文革時期に教育が人間を階級闘争を行う道具に育てる役割を担っていたことについての反省が行われ、教育と人間に関する研究の意義、教育の出発点や価値志向などの問題について議論がなされた。また、このシンポジウムにおいて、学習者の「主体性」が初めて提起された。「主体性」という概念の説明は行われなかったが、学習者の「主体性」を育成し、彼らの「主体性」を高揚させることが、彼らに正確な価値志向を持たせ、教育の質と人間の素質

を向上させる要であるという共通認識が形成された[7]。つまり、「教育と人間」に関するシンポジウムの開催に象徴されるように、当時、教育研究分野で展開された「教育と人間」の関係に関する議論は文革に対する反省を出発点としており、また、1985年の「教育体制の改革に関する決定」に提起された高い素質を持つ人材の育成をめぐるものであることがうかがえる。さらに、「主体性」という概念が提起されていることから、改革開放政策の導入で西洋の思想文化が盛んに中国に紹介され、個人の権利に対する関心が高まった1980年代という時代的背景による影響も否定できない。

このように、教授・学習過程における教師と学習者の主体・客体関係に関する論争及び「教育と人間」に関するシンポジウムの開催が、後に見られる「主体性」育成に関する研究を喚起するきっかけとなった。

2 「主体性」育成研究における個人の重視——1989年から1990年初頭まで

1989年から1990年初頭までにおける学習者の「主体性」育成をめぐる議論は、後に見られる「主体性」育成に関する議論の出発点として位置づけられている。「80年代の中国でも、民主化運動のベクトルが共産党一党支配体制への抗議と改革に向かうなかで、哲学や文学の領域で若手研究者を先頭にして、個々人の主体性そのものが問題とされるようになった」[8]と斉藤は述べている。このような背景もあり、この時期における「主体性」育成に関する研究では、「主体性」の発揮は学習者個人の権利として捉えられていた。また、その育成において学習者個人の選択の自由が求められ、学習者個人の発達に焦点があてられていることが特徴である。

早期の「主体性」育成研究においては、1989年に発表された王道俊・郭文安（両氏とも華東師範大学教授）の「学習者を真に教育の主体にならしめる（「譲学生真正成為教育的主体」）」という論文が最も影響力を持ち、代表的な存在とされている。この論文において、王と郭は、学習者の「主体性」は「自主性、能動性、創造性として表れる」[9]と述べた。また、教育実践において学習者の「主体性」を発達させるために、彼らを教育の中心と位置づけ、

「教師は学習者の独立した探究活動を導き、彼らの好奇心や学習に対する興味を大切にする」こと、とりわけ「学習者の人格と権利を尊重し、彼らに適切な教育を自ら選ばせる選択権を与える」ことなど、「教育の民主化と個性化」を強調した[10]。つまり王と郭の主張から、学習者が「主体性」を発揮することは、彼らが自らの意志やニーズに基づき、自立して自由な選択を行うことを意味しており、学習者個人の権利と見なされているのである。そしてその育成に関して、学習者の独立した学習活動を奨励していることがわかる。

1989年当時の主張を提起した背景について、王道俊は2005年の回顧的研究において次のように述べている。すなわち、「長い間、中国では教育が社会に制約され、教育の階級性ばかりが強調され、人間の生存にかかわるニーズや人間の発達などが無視されていた」[11]と、文革終結に至るまでひたすら階級闘争や社会改造を志向した教育のありかたを批判した。また、それまでの教授・学習過程について、「教師が学習者に知識を注入し、彼らの行動を束縛する過程であり、学習者は学習と発達の主体であることが無視されていた」[12]と語り、「文革終結までの教育は教師の主導的な地位を重視し、学習者に対する尊重を無視しているため、非主体的教育であった」と指摘している[13]。ここでも、学習者を教育の中心とする王の姿勢がうかがえる。

1989年当時の王と郭の主張に近い意見を持つ研究者は数多くいた。その一人は田慧生（後の中国中央教育科学研究所所長）であった。田は、学習者の「主体性」とは「学習者が学習活動の主体として備える独立的、自覚的、能動的、創造的な内在する特徴」であり、「自主性、能動性、創造性と全体性として表れる」[14]と述べ、「主体性」を個人の内在的なものと捉えていた。田は、学習者が「独特な自我」であるとし、「すべての学習者は生き生きとした自我として、自己を発達させるニーズがあり、教育の役割はこのようなニーズを導くことである」、また、「学習者には自らの活動において自己選択権と自己決定権をわたすべき」と主張していた[15]。田も王や郭と同様に、「主体性」の発揮を学習者が自らのニーズに基づき、選択を行い、決定を下すといった自立的な行為を行う個人の権利と捉えていた。学習者が一人ひと

り独特の内面世界をもち、生き生きとし、独立した個体であるという認識に基づき、田は、教育の着眼点を学習者個人の発達におくべきだと訴えていたのである。

　また、中国における「主体性」育成研究の第一人者である裴娣娜も、アメリカでの研究活動を終えて帰国した1989年から、「主体性」を論じ始めた。当時、裴は「主体性」について、「外部情報を選択する時に主体〔学習者―筆者〕の持つ自覚性、選択性として表れるとともに、彼らの独立性と創造性をも含むものである」[16]と主張し、「主体性」を個人の内在的なものと捉えていたことに田の主張との一致がうかがえる。裴は教育を「個性の発達を実現させる」過程と見なし、学習者の「主体性」を育成するために「教え」を中心とした教授・学習システムを変え、「学び」を主原則とした教授・学習活動が展開される必要性を訴えていた。裴は「『教え』の目的は『教えない』ことにある」と語り、「学習者の創造性を培い、彼らの学習に対する積極性（能動性）を引き出し」、学習者が「独立した個人」としての知識を獲得する能力を育成するために、教授・学習過程における彼らの「参加と活動」を強調していた[17]。選択性と独立性が「主体性」の内容構成とされる当時の裴の主張から、裴にとって、「主体性」は学習者の自らの意志に基づき、選択や判断を行う自立した態度と能力のことであり、彼らの選択の自由と切り離せない概念であることがうかがえる。また、裴は教育の目的を学習者一人ひとりの発達にあると捉えており、「主体性」の育成において、学習者個人の経験を重視している点で、王や郭、そして田の主張と一致している。

　1989年当時、「主体性」は学習者の自らの意志に基づき、選択や判断を行う自立した態度と能力といった彼ら個人の内在的なものとされ、「主体性」の発揮が学習者の権利と捉えられていた。また、その育成において教師による「導き」も必要とされていたものの、学習者の自らの意志やニーズに基づく選択の自由が重視され、教育の「個性化」が強調されていた。当時、自由度の高い理論研究ができた背景には、先述したように、文革終結後、政府の主導のもとで、中国の諸分野における文革期間中に人間が階級闘争を行うための道具にされていたことに対する反省が行われたことや、改革開放政策の

導入に伴い、西洋の思想文化等が中国に紹介されたことがあった。また、王本陸によって、1983年に鄧小平の「教育の三つの向き（教育は現代化、世界、未来に向くべきだ）」という題辞をはじめ、この時期の教育政策において、教育のありかたについて大まかな方向性を示すことにとどまっていたことが、「主体性」育成の理論的研究に、より広い研究の空間を提供したとの指摘もあった[18]。さらに、文革終結後の1980年代に打ち出された中国の国民経済を立て直すために必要な人材の育成を目指した教育政策も、この時期に見られた自由度の高い「主体性」育成に関する理論的な研究に大きな影響を与えるものとなったと考えられる。

第2節　「主体性」育成研究の探索と確立
―― 1990年半ばから1996年まで

1　「主体性」育成研究における「社会性」の登場 ―― 1990年半ばから1994年まで

先述したとおり、1980年代の中国は思想と言論が自由になった時代であった。王策三も「改革開放政策が導入された1980年代は、中国にとって最も思想解放が行われた時代であり、言論が自由であった時代」[19]と語っている。また、1980年代の半ばから、個人の権利を求める高潮が中国を襲う中、一部の高等教育機関を中心に、大学生の間では西洋での普遍的価値である「民主」・「自由」を中国で導入することを求める動きが激化するようになった。こうした動きを抑えようとして、1985年に「青少年に愛国主義と革命伝統の教育を行う通知」[20]が出されたことをはじめ、中国共産党中央委員会は頻繁に「社会主義精神文明建設の指導方針に関する決議」[21]、「高等教育機関における政治思想工作の改善と強化に関する決定」[22]などの公文書を出した。鄧小平も1985年から「資産階級自由化を画策することは資本主義路線を歩むことである」[23]、「断固として資産階級自由化に反対する」[24]、「中国は社会主義路線を歩むしかない」[25]という一連の講話を行い、大学生たちの思想の「躍進」に歯止めを掛けようとした。しかし、大学生た

ちの動きを抑えきれず、「民主化運動」のクライマックスとして1989年に、いわゆる「天安門事件」が起こることに至った。

　「天安門事件」以降、中国社会において「資産階級自由化」に対する引き締めが始まった。この引き締めが教育研究分野に広がったのは1990年のことであり、1991年から、この引き締めがさらに強化されたという[26]。斉藤も「天安門事件以降、ブルジョア（資産階級）自由化反対の引き締めが強化されるなかで、主体性論者の主張をマルクス・レーニン主義への攻撃と見做す過敏な反応が目立つようになった」[27]と述べている。また、王道俊も「1991年に、政府の関係部門は教育学分野における資産階級自由化問題について厳しく調べていた」[28]と語っている。このような背景をうけ、1990年半ばから中国の諸分野において、研究者たちの議論の焦点が個人を重視した方向から社会を重視する方向へと転換する動きが見られた。その一例として、哲学分野では人間の「社会性」が人間の「主体性」の内容構成に含まれるべきか否かをめぐって論争が起きた。しかし、この論争の実質は「社会性」が「主体性」の内容構成と位置づけられるべきか、それとも「主体性」と並立している人間の持つ特性と位置づけられるべきかに関するものであり、個人は「社会性」を持ち、社会化される存在であるべきだという認識については、研究者たちの間では異論が見られなかった[29]。哲学分野で見られるこのような動きは教育学分野でも確認された。

　1990年に入ってから、教育研究分野では教育と社会と人間の三者関係をめぐる議論が見られるようになった。先述した王道俊と郭文安は、1990年4月に「教育の主体性を論じる——教育・社会・人間の関係について（「試論教育的主体性－兼談教育、社会与人」）」という論文を発表し、教育が生まれた根本的な理由は「人類社会の発展と個性発達の矛盾を解決すること」[30]であると主張し、個人の発達と社会の発展とが対立するものであるとの見解を示した。王と郭は、教育の目的は「個々人の心身の発達を促しながら、彼らの社会化（傍点筆者）を実現させ、彼らの主体性を高め、彼らを適切な社会成員に育成することである」[31]と述べている。王と郭の主張からは、個人の発達についてもある程度意識されてはいるものの、発達を遂げた個人を社会

に適応させること、すなわち個人の「社会化」を教育の最終目的として位置づけられる形に修正されていることがわかる。

　王と郭はこの論文において、デューイの児童中心主義思想を批判し、「デューイのように児童の発達過程そのものを教授・学習過程と同一視する見方は、児童の自発的な行動を助長するものであり、資産階級政治のために奉仕する思想である」[32]と強く否定した。「主体性」を発揮することは学習者の権利であり、彼らの選択の自由を意味するものであるという1989年に出された自らの主張を否定するように、ここでは、王と郭は教授・学習過程における児童の自発的な行動を資産階級政治と関連付けて批判していた。また、この論文において、王と郭は、教授・学習過程における教師の主導的な地位を肯定し、「教育者は目的を持ち、教育を受ける者に人類の基本的な知識を身につけさせるように導き、教育を受ける者の社会化を実現させ、彼らの主体性を高め、彼らを社会発展の後継者に育成しなければならない」（傍点筆者）[33]と述べており、教育の目的は学習者の社会化にあり、教育の役割を社会の発展に奉仕することとして捉え、学習者の「主体性」の育成における教師の指導を強調している点が目立っている。

　同年8月に、中国教育学会は『中国社会科学』雑誌社、『教育研究』雑誌社など関連部門との連合主催で「教育・社会・人」と題したシンポジウムを開催した。このシンポジウムにおいて、教育と社会との関係のみならず、人間と社会との関係や、教育と人間との関係についても議論が行われた。特に、教育と人間との関係における社会による制約性、社会と人間との関係における教育の役割、教育と社会との関係における人間の位置づけが議論の焦点となった。議論の結果、教育と人間との関係は必然的に社会政治、経済、文化などからの制約を受け、教育は人材を育成する社会活動として、必然的に人間の心身的発達に奉仕するとともに、社会にも奉仕しなければならないという認識が形成された。また、教育は社会に求められる人材を育成することを通じて社会に奉仕しなければならないといった結論がまとめられたという[34]。

　「教育・社会・人」シンポジウムの開催前後、教育研究分野においては1989年に行われた「教育と人間」に関する議論についての批判と反省が行

われた。当時、多くの研究者が、人間の発達を論じることで、資産階級自由化や個人主義というレッテルを貼られる心配を抱えていたため、学習者の個性や創造性の発達をはじめ、教育の「個性化」に関する言論は減少傾向にあり、「主体性」育成をめぐる論争も次第に鎮静化していった[35]。

では、当時の研究者たちの主張に登場していた「社会」や「社会性」といった概念は一体どのような意味合いを持つものであろうか。これについて、1992年に、王道俊と郭文安によって発表された「主体教育思想に関する考察（関於主体教育思想的思考）」という論文を手掛かりに検討していきたい。

この論文において、王と郭は教育が社会主義現代化建設において能動的な役割を果たしていることを強調するとともに、学習者の「主体性」には「社会性、能動性、自主性と創造性」が含まれると主張した。ここでは、「社会性」が「主体性」の内容構成の第一に挙げられた点に注目すべきだろう。この「社会性」については、「主体の根源であり、基礎である」、「個人の主体性の発揮は社会に制約され、社会的な生産力、社会的な生産関係、社会的な意識及び教育に制約される」[36]と解釈されている。すなわち王と郭は、「社会」を「社会的な生産力、生産関係、社会意識と教育」などによって規定される世界と見なし、人間の集団としての営みを強調することに重点をおいていた。また「社会性」を、単なる学習者の「主体性」が「社会的な生産力、生産関係、社会意識と教育」といった要素に制約されるものとして捉えており、個人の「主体性」の発揮は「社会」の許容している枠からはみ出すべきではないという姿勢を示しているのである。

次に、学習者の学習活動について、王と郭は「学習者は自らの実践や間接的な経験を通じて世界を認識するとともに、自分自身についても認識し、自らの発達を促し、自分自身の主体性を高める」[37]と述べており、学習者を教授・学習過程の主体と見なす彼らの姿勢を崩していないことがわかる。しかし一方で、二人は学習者がその過程において「教師の提示している規範性のある知識などを認識の対象とし、それを参照し、自主的、能動的、創造的に知識を把握するとともに、世界と自我を認識し、自らの発達を実現する活動を行う」[38]とも述べており、学習者の学習の方向性は教師によって決め

られ、その学習活動は教師による規範提示の枠に限定されているものと認識している。つまり、教授・学習過程における教師の指導がより重視されているのである。

さらに、この時期、王策三も「主体性」育成の議論に加わった。王策三は80年代前半の教授・学習過程における教師と学習者の主体・客体関係に関する論争の主要メンバーであり、「教師主導、学習者主体」論の主要論者でもある。王策三は「主体性とは全面的な発達を遂げた人間の根本的特徴であり、人間のすべての優秀な素質と個性の特徴を集約させたもの」である、「主体性の強い人間は能動性の強い人間であり、客体に直面した時、主導権と自由を有する人間である」と述べている[39]。王策三の主張は個人の発達に焦点をあてており、「主体性」の発揮が個人の権利・自由として見なされているようにも見える。しかし一方で、王策三は教育の役割を「人間の『主体性』を育成し、彼らを社会に適応させる」[40]ものだと述べている。つまり、王策三にとって「主体性」を育成する目的は個人を社会に適応させるという社会志向のものであることにほかならなかった。

裴娣娜もこの時期、「主体性」のなかに「社会性（社会適応性）」が含まれると主張し始めた。王策三と裴娣娜は、1992年から共同研究の「主体性発達実験（小学生主体性発達実験）」に取り組んでいた（詳細は第2章）。そこでは、児童の「社会適応性」の育成が重視されていた。当時、裴によれば「社会適応性」は、「主体性の重要な構成部分であり、個人が徐々に既存の社会生活様式、道徳規範、行為基準を受け入れる過程である」[41]とされている。この「社会適応性」の育成においては、児童の活動に参加する時の積極性や、任務遂行と規範意識に重点がおかれていた[42]。このように、当時の王策三や裴娣娜にとって「社会」という概念は、個人にとって適応すべき「社会生活様式、道徳規範、行為基準」などに規定される世界のことであり、人間の集団としての営みに焦点が当てられていることがわかる。また彼らの考えていた「社会性（社会適応性）」とはこうした「社会」に適応することであり、社会構成員である一人ひとりは「社会」に対して一定の任務を負い、求められる義務を果たすものとして捉えられていた。これらの点において、この時

期の王道俊と郭文安の主張との類似性が確認される。

　他方、学習者の「学び」について、王策三は早くも1980年代初頭の教師と学習者の主体・客体関係論争において、その重要性を提起していた[43]。「主体性発達実験」においても、王策三と裴は児童自らの学習経験に注目していた。しかしながら、二人はこの実験的研究において教授・学習活動の方向、内容、方法、進度、結果などがすべて教師によって決定され、責任が負われるべきであると主張し、教師による指導を重視していた[44]。そのため、実験においては王策三と裴にとって、児童が独立して行う学習活動はあくまで教師の許容範囲内のものであると捉えられていたと言えよう。

　以上に述べてきたように、1989年には「主体性」の発揮は個人の権利として捉えられており、その育成において学習者個人の経験とともに彼ら自らの意志やニーズに基づく自立した自由な選択が重視され、そのために教育の「個性化」が強調されていた。一方で、「天安門事件」以降、中国の研究分野では個人の発達と社会の発展とが対立するものとの認識が形成されるとともに、「主体性」の育成をめぐる論争が次第に鎮静化していった。特に、1990年から1994年までの間、「主体性」育成の目的は学習者を「社会生活様式、道徳規範、社会行為」などの要素に規定される世界、人間の集団としての営みを意味する「社会」に適応させることにあると捉えられていた。また、「主体性」の発揮は「社会生活様式、道徳規範、社会行為」に制限されるものとされ、その育成において個人の「社会化」における教育の役割とともに、教師による指導が強調されていた。学習者の「主体性」の育成に関する研究者の主張の変化は、「天安門事件」とその後の締め付け、さらには社会秩序の維持といった社会背景と密接な関係があったと考えられる。

　他方、1995年に入ると、人間の「主体性」に関する研究が再び注目を集めることとなった[45]。また、「主体性」育成に関する研究において、社会の発展を重視する方向が堅持されながらも、学習者個人の発達に再び目が向けられる動向が見られた。これについて、次で検討する。

2 「主体性」育成研究における個人重視への回帰——1995年から1996年まで

　1995年、『教育研究』雑誌に「人間の主体性の内包と主体性教育」という特集が設けられたことに続き、1996年には『教育研究與実践』雑誌においても「教育の主体性と現代中国の教育」という特集が設けられ、研究者たちに「主体性」論争を行う舞台が提供された[46]。大勢の研究者がこの論争に参加した。そのなかで、黄崴は代表的な論者の一人であった。

　まず、黄崴（後の華南師範大学教授）の主張を検討してみよう。黄は、「主体性」が「主体としての人間の独立した、自主的で自由な認識及び行為の形式」であると述べており、「主体性」を人間の内在的なものとして捉えていることがわかる。彼は「人間は独立した自立的で自由な存在である」[47]と語り、人間の独立と自由を「主体性」発揮の必須条件としているのである。黄は「教育は教育を受ける者の主体性を発達させる活動」[48]と見なしており、学習者個人の発達が教育の目的として位置づけられた。黄の主張は、「天安門事件」後に封印された「主体性」育成の目的は個人の発達を促すことにあり、「主体性」の発揮は個人の権利と見なされる主張が再び教育研究分野で登場したことを示唆するものとして注目に値する。

　黄は教師が学習者の主体的な地位と独立した人格を認め、尊重すべきだと主張し、教授・学習過程における教師の役割について、「教育実践環境を創設し、教育を受ける者が能動的、創造的、自主的な学習を行うように導く」[49]ことと語っている。教師の指導が強調された1990年から1994年までの研究者たちの意見と異なり、黄の主張からは、学習活動は学習者の個性的行為であり、教育者が適切な指導を行うことは教育を受ける者の「主体性」を発達させるうえで必要な条件にすぎず、教育者の役割は「教育実践環境を創設」することに限定されていることがわかる。

　黄は「主体性」育成の目的は「個人の発達と社会の発展を統合することである」[50]と主張し、個人の発達と社会の発展が対立するものであるという意見を持つ研究者たちと一線を画すように見える。しかしながら、彼は同時に学習者個人の「主体性」を育成する最終的な目的が社会の発展を促進させ

ることにあるという態度を示している。彼によれば、人間には「主体性」と並列に存在する社会的属性、すなわち「社会性」が備わっている。また「人間は常に彼自身の創造している社会で生活している」ため、「人間の社会性は人間の根本的特性である」[51]と認識している。こうした主張から黄は「社会」を人間の集団としての営みを意味するものと捉えていることがわかる。したがって、黄にとって、学習者個人の「主体性」を育成する目的はこうした「社会」に制約されるものと位置づけられており、「社会」の発展の二の次におくものと理解されていることが読み取れる。

このように、個人の独立と自由が「主体性」発揮の必須条件とされ、「主体性」育成においては学習者個人の発達が重視されているものの、黄の主張では、学習者個人の「主体性」を育成する最終的な目的は社会志向的なものであることが明らかである。

黄と近い考えを持つ研究者には、魯潔（南京師範大学教授）がいた。魯潔は人間の「主体性」について、「自覚的に各種の実存している客体からの限定や制約を認識し、把握し、超克し、客体との関係のなかで支配的な地位を取得し、自主的な目的に従い能動的に実存している客体を変える人間の特性である」[52]と述べている。つまり、魯も黄と同様に「主体性」を個人の内在するものと捉えており、その育成において、主体である一人ひとりの自由な意思決定が必要としているのである。

魯は「主体性」を育成する目的が、「教育を受ける者に現実を『受け入れさせ』、『適応』させることだけではなく、彼らを現実を『変化させ』、『超克させる』ために自分の持っているすべてを利用することのできる人間に育成することにある」[53]と強調している。ここからも、学習者が現実世界を変革させ、発展させることや、そのために彼らの能動性や創造力の育成が最も重要視されていることがわかる。

魯は教授・学習過程において既成の文化と知識を伝達することの重要性を認めており、教育の過程は「個人を社会化する過程である」[54]という認識を示している。一方で、「教育の過程を、個人を社会化する過程と認識することにとどめるべきではなく、教育が人間に現実の規定性を知らせることは、

この規定性を否定させ、超克させるためにある」[55]と強く主張している。ここから、魯にとって個人の社会化とは、既存の社会的規定性に個人が囚われることではなく、個人に既存の社会の規定性を知らせることは、彼らがこの規定性を打ち破る第一歩であると捉えていることがわかる。しかし一方で、魯は教育の根本的任務を「既存の世界、既存の社会を改善させ、発展させる」[56]ことだと述べている。教育の過程を「個人を社会化する過程」と見なしている魯の主張と繋げて考えると、魯は個人の自由が個人の「主体性」を発揮させる必須条件とし、「主体性」育成において個人の発達を重視しているものの、教育の過程を結局は個人が既成の規定性を打ち破り、新たな規定性を構築することであると認識しており、個人の「主体性」を育成する最終的な目的は人間の集団としての営み、すなわち「社会」の発展を実現させることにあると捉えていることがわかる。そのため、黄と同様に魯が提起している「主体性」育成の目的は、結局のところ社会志向を持つものであると言わざるを得ない。

このように、1990年から1994年までの間、「主体性」の発揮は「社会生活様式、道徳規範、社会行為」などに規定され、「主体性」育成の目的は人間の集団としての営みを意味する「社会」の発展を促すことにあった。また「主体性」の育成において、教師の指導が重視され、学習者の独立した学習活動は教師の許容される範囲内のものと理解されていた。一方、1995年からは、「主体性」育成の最終的な目的はこれ以前の時期と同様に、「社会」の発展を促すことという枠内にとどまっているものの、研究者たちの議論において学習者個人の発達が再び注目され、また、その育成において、学習者の独立した学習経験など彼らの自立的な取り組みが再び重視されるようになった。その一方で、教師の役割は学習者に「現実を発展させる力を育む」ために、「教育実践環境を創設」することに限定されるようになった。

研究者の主張に見られるこのような転換の背景には、1992年初頭に、鄧小平が深圳、珠海、上海各地を視察した後、国民にさらなる思想の解放を求める一連の重要な演説(「南巡講話」)を行ったことがあった。とりわけ、同年10月に、中国共産党第14回党大会が北京で開催され、社会主義市場経済

体制を確立することに関する決議が行われたことと、その後に市場経済体制の確立を目指して、経済・文化・教育等に関する政策に対する緩和をはじめ政府の様々な取り組みが行われたことに密接な関連があると推察される。これらの出来事から、先述の知識人や研究者に対する言論、思想の自由に対する締めつけが緩められたようにみなされたことが、個人の発達を志向する「主体性」育成研究を再開させた要因と考えられる。1990年から1994年までの「主体性」育成についての研究者たちの模索を経て、1995年から1996年までの期間に見られた「主体性」育成研究において、社会志向に立脚しながらも個人の発達を重視することへ回帰したことは、1997年以降現在に至る「主体性」育成研究の方向を定めるものと位置づけられる。つまり、1995年から1996年までの議論を経て、「主体性」育成研究の方向が確立されたと言えよう。

第3節　「主体性」育成研究の深化と発展——1997年から2010年まで

1　「主体性」育成研究における構成主義の提唱——1997年から2000年まで

経済のグローバル化の流れのなかで、中国においては国際競争に勝ち抜くために、人材の育成が一層重視されるようになった。21世紀を迎え中国の発展を促す人材の育成を目指して教育体制に対するさらなる改革を行うために、1990年代の半ばから中国においては諸外国の教育思想が大いに紹介され、検討されていった。そうしたなかで、構成主義に基づく学習理論が、教育研究者たちの注目を集める話題となった。その構成主義学習理論を取り上げながら、「主体性」について論じた代表的な研究者が、先述した黄崴、そして肖川（後の北京師範大学教授）である。

1997年に黄崴は、「教育は個人の発達のニーズを重視し、個人の発達を目的にするべき」[57]であると訴え、学習者一人ひとりの発達を重視する姿勢を改めて示した。黄は、「教育は実質的には教育を受ける者の主体性を構成する活動である」[58]と述べ、「教育の役割は、個人の主体性を引き出す、あ

るいは促すことにあるだけではない。また、学習者を完全に教育者の意志、あるいは社会の要求に沿った人間に育成することでもない。学習者がすでに持っている主体性を運用し、外在の文化を内在化させることを導く過程であり、この過程において、彼らの新たな主体性が形成される」(傍点筆者)[59]と述べている。黄の主張から、教育の役割は学習者一人ひとりの発達を促すことにあると捉えられ、学習活動は学習者の個性的行為であり、「主体性」の育成において、学習過程における学習者一人ひとりの自らの参加による「形成活動」が重視されていることがわかる。ここでは1995年に出された黄の主張を思い出していただきたい。当時、黄によれば、「主体性」を育成する最終的な目的は人間の集団としての営みを意味する「社会」の発展を促すことにあり、個人の「社会化」における教育の役割を強く強調されていた。一方で、1997年の黄の主張、特に傍点部から1995年の黄の自らの主張と異なっていることが読みとれ、注目しておきたい点である。

　黄は教育者の役割について、「学習者に内在する教育に対するニーズを啓発し、導き、彼らに調和のあるゆったりした自由な教育環境を提供し、学習活動を学習者にとって真に、喜んで求める生活にするべきだ」[60]と指摘している。ここでも、黄は教育者の指導が学習者の「主体性」を育成するための必要条件だとする主張を一貫させており、彼にとって最も重視すべきは、学習活動において学習者が知識を自己形成することであり、彼らの独立した学習活動や自立的な取り組みであることがわかる。

　しかしながらこの時期においても、黄は「主体性」の育成において既存の社会的意識・態度・価値観や知識など「外在の文化」による規定性を重視しており、また教育の役割を「人間の主体性の解放と発達を促すことで、社会の全面的な発展を促す」ことにあると主張していた[61]。教育の役割が社会の発展を促すことにあると認識していることから、黄は「主体性」の育成が「社会」の発展を促す手段として捉えていることがわかる。つまり、教育の役割は個人の発達を実現させることにあるという見解を示しながら、結局のところ、黄にとって「主体性」育成の目的は社会志向的なものであるという従来の姿勢を一貫させていた。

他方、肖川は「主体性」は人類が自らの創造活動を通じて形成されるものであり、「主体性」には「自主性と能動性、超克性（創造性）」[62]が含まれると訴えている。肖は、「主体は他者、社会との関わりのなかで自主性を発揮し、主体は対象的活動、すなわち客観的な物質世界との関わりのなかで能動性を現し、主体と自己との関わりのなかで超克性（創造性）を現す」[63]と述べている。「主体性」とは、主体が「他者」、「客観的な物質世界」、そして「自己」との関わりにおいて生じるものであるとする肖の主張は、それまでの研究者の主張とは異なる特徴を持つことに注目すべきであろう。すなわち、彼は「主体性」を、主体が客体に対する一方的な働きと見なしておらず、「主体性」は「自己」や「他者」といった主体どうしの相互作用においても存在すると認識しているのである。「自己」や「他者」の存在に着目することから、肖は「社会」を単なる人間の集団としての営みと見ておらず、「自己」と「他者」で構成されるもの、人と人との繋がりといった人間関係が発生する場と認識し始めていることが読み取れる。

　肖は「教育は学習者の個性の発達を目標とするべきである」[64]とし、教育における第一の着眼点を学習者の発達におくべきだと主張している。また「教育には互いに制約しあい、関わりあう基本点が存在する。それは『価値引導（望ましいとされる価値によって学習者を導くこと）』と『自己形成』である」[65]と述べている。彼によれば、「価値引導」とは教授・学習過程における教師の指導と教師による学習環境の整備である。これは、教授・学習活動における教師の役割を指している。他方、「自己形成」とは、学習者が一定の学習の環境のなかで自らの活動などによって知識を形成する過程である。肖は、「教授・学習過程において、教師が学習者に提供しているのはテキストや資料といった知識を伝える手段である」[66]と述べ、教師の役割は限定的なものと認識している。一方、「学習者の新しい知識は、一定の環境のなかで彼ら自らの活動などによって形成されるものである」[67]とし、学習者の学習活動こそ、決定的なものと認識している。肖は、人間の脳は受動的にインプットされた情報を学習し記憶するのではなく、いつもインプットされた情報を能動的に取捨しながら推論していると述べている[68]。このように

彼は、学習者の知識の組み合わせや、学習者の知識の改善と充実が彼らの「自己形成」を通じて実現されていると主張し、学習過程における学習者の「自主性、能動性、超克性（創造性）」を重要視しており、学習活動は学習者の個性的行為だと強調しているのである。

　肖は「社会性」と「主体性」との関係そのものについて触れてはいないものの、「主体性」育成における主体と「他者」や「社会」との関連性を重視しており、教師による「価値引導」も必要としている。「引導」について、肖は「教育には方向性と目標がある。すべての教育の目的は、一定の社会的歴史的期間に見られる、個人の発達と社会の発展との矛盾を解消するために設定されるものである」[69]と解釈しており、個人の発達と社会の発展は対立する関係にあるものと捉えている肖の立場がうかがえる。また、「価値引導」については「社会の意志を表し、教育は歴史、伝統、文化と社会的価値を背負っている」と述べられている[70]。さらに、肖は「主体性」育成の目的について、「自分自身、他者、そして社会に対する責任を負い、献身的な態度」[71]の育成と捉えている。肖の主張から、「社会」とは「歴史、伝統、文化と社会的価値」に規定される存在であり、「主体性」の育成はあくまでこうした「社会」の成り立ちを維持させるためのものと捉えられていることが読み取れる。ただし、「自己」と「他者」にも着目していることから、「社会」や「社会性」に対する認識において、人と人との繋がりにも意識し始めていたことがわかる。こうした点はそれ以前の研究者たちと異なるところであり、「主体性」育成研究において一歩前進したものと評価できよう。

　教育研究分野で注目されている「主体性」の育成における学習者の「自己形成」の学習理念は、この時期に出された教育政策や児童「主体性」育成の実験的研究からもうかがえる。基礎教育課程改革を行うために、1997年に中華人民共和国教育部により制定された「当面積極的に中学・小学における素質教育を実施することに関する意見」をはじめ、この時期に出された教育政策においては、児童生徒の創造的意欲と実践能力の育成が大きな目標とされ、その育成において児童生徒は自ら学習活動に参加し、体験することが求められていた[72]（詳細は第3章）。ほぼ同じ時期、裴の主宰する「主体性発達

実験」研究においても「成功体験」というキーワードが新たに打ち出された。すなわち、実験的研究において裴は児童の学習に対する意欲と関心の喚起、個々人の個性や才能の尊重、教授・学習活動における児童の主体的な参加とともに、とりわけ児童一人ひとりに知識形成のプロセスを体験させ、彼らに達成感を味わわせることを中心に取り組んでいた[73]。「成功体験」とともに、この時期、裴は児童の「主体性」の育成において、「協同学習」という新しいグループ学習の形態に注目し始めた。この「協同学習」の目的は、まず個人差に対する配慮にあり、教授・学習活動における児童一人ひとりの参加率を高めることである。それと同時にグループ間の友好的な競争や、グループ内のメンバー間の助け合いや学び合いを通じて、児童の「社会性」や集団意識を育成し、教師－児童間、児童どうしの間に調和的で平等な人間関係を形成することも目的としている[74]。

　このように、この時期には「主体性」育成において、学習活動における学習者の「自己形成」が重視されるようになり、学習者個人の自由や個人の発達を重視する見方が1995年から1996年までの時期よりも更に強まった。また、学習者の主体的な参加とともに、他者との関わりも着目されるようになった。これらのことから、この時期の研究者たちが議論している「社会」という概念は、既存の「社会生活様式、道徳規範、社会行為」などに規定される人間の集団としての営みという意味合いだけではなく、「自己」と「他者」で構成されるものへと転換され、そこには「社会」を人と人との繋がりを持つ場であることとする認識の芽生えがうかがえる。「社会」に対する認識の転換に伴い、かつては個人の「主体性」が「社会生活様式、道徳規範、社会行為」に制限されるものと認識された「社会性」という概念にも、新たな意味合いが付与されるようになった。こうした特徴を持つ主張が見られた背景に、「天安門事件」以降、経済発展を促すために、中国共産党は工作の重点を経済建設に移したこと、また市場経済体制の確立に伴い、対外開放が一層深化したことによって、諸外国の思想文化などが中国に持ち込まれたことによる影響があった。

2 「主体性」育成研究における「交流」と「協調」の強調
　　── 2001年から2010年まで

　1990年代後半から中国の教育研究分野で脚光を浴びた構成主義の学習理論は、21世紀に入ってからもなお注目され続けられた。これは、21世紀に入ってからの裴の研究からもうかがえる。裴も2001年に「教授・学習過程は児童の認識の自己形成の過程である」[75]と主張し、児童の認識の形成の過程を、児童が能動的に様々な活動に参加し、思考・探究などを通じて、すでに形成されている認識を用いて、客体である情報に対する選択と加工処理を行う過程として認識している姿勢を示した。

　しかしながら、裴が構成主義を取り入れる際には、同時に「交流」と「協調」を強調している点に注目しておかなくてはならない。裴は、それまでの教授・学習過程において、教師は児童どうしの交流や協調を重視していなかったことを批判し、「交流とは、共通の活動のなかで発生する人と人との間の相互作用と関わりであり、社会集団の生存と発展の必要条件である」[76]と述べている。また裴は、教授・学習過程を「社会的な交流」の過程と見なしており、「児童の主体性はその心身の発達に制限される未熟なものであり、実践活動や他者との『交流』のなかにおいて形成されるものである」[77]と語っている。さらに、裴は「教師－児童間、児童どうしの間で行われる交流は児童の社会適応性の発達を促すことができる」[78]と述べ、児童どうしの交流は彼らの「社会性」を発達させる重要な要素と認識するようになっている。

　裴は2002年から、自ら主催している国家重点プロジェクトに組み込まれている、人間と社会の協調した発展に着目した研究「基礎教育現代化発展の理論・実験研究（主体教育と我が国の基礎教育現代化発展の理論及び実践に関する研究）」（詳細第2章）において、「発展的教授・学習（発展性教学）」という教授・学習方略を中心に取り組んだ。この「発展的教授・学習」の目的は、児童の「主体性」の発達を促すことにあり、その原則は「自主参加」、「協同学習」、「個人差尊重」と「成功体験」である。すなわち実験においては、教授・学習活動において児童は自主的に参加し、自らの潜在能力、創造性を発掘し、互いに尊重・信頼しながら、児童が他者と協調し合い、理解し合い、

彼ら個人の尊重を実現するとともに、一人ひとりの児童に成功を体験させることが目指されている[79]。このように、「発展的教授・学習」の理念においては、教授・学習過程における児童一人ひとりの自主参加とともに、他者との協調にも重点がおかれていた。

構成主義を取り入れる際、同時に「交流」と「協調」を強調している点から、この時期の裴が考える「社会」とは、人と人との繋がりを持つ生活の場という意味合いをもつ概念に転換されてきており、また「社会性」とは、生き生きとした個々人の「交流」と「協調」の関係であり、人と人との繋がりを持つ生活の場である社会をより良いものにするために必要な人間関係に転換されてきたことがうかがえる。「自己形成」と「交流」・「協調」を強調する姿勢から、裴は「主体性」育成の目的を学習者個人の発達を促すことに重点をおくようになり、また、そのためには、学習者個人の内面に根ざした自立性を高めさせることが必要不可欠だと認識していることがわかる。

裴のほかに、張天宝（カリキュラムと教授学習理論専攻、人民教育出版社副編集長）もこの時期、教育を「人間の主体性を育成し、人間の発達を実現させる交流と実践の過程である」[80]と主張している。張によると、教育過程は2つの過程に分けられる。すなわち①学習活動における教師の「価値引導」と学習者の「自己形成」の弁証法的統一の過程、②「カリキュラムや教材」を媒介とした主体と主体の間（教師－学習者間、学習者どうしの間）の「理解」と「対話」を核心とする交流の過程である。この2つの過程を通じて、個人の「主体性」の発達とともに、主体と主体の間においても相互理解が達成される。特に、張は主体－主体間において尊重し合い、信頼し合い、民主的で平等な対話関係の構築を重視している[81]。

21世紀に入ってから、王道俊も繰り返し「学習者の活動と『交流』は彼らの発達の基礎である」、学習者の「主体性」を育成するために、「彼らの自己形成と自己表現を強調すべきだ」と主張するようになっている[82]。また、楊小薇（華中師範大学教授）も、「活動における学習者の自己形成及び『交流』が彼らの主体性を発達させるための必須条件である」[83]という意見を述べた。裴娣娜や張天宝をはじめ、「主体性」育成における学習者の「自己形

成」や、他者との「交流」と「協調」を重視する姿勢が多くの研究者に示されているため[84]、最近の主流になっていると言えよう。

ただし、研究者たちの主張において学習者の「主体性」の育成における「自己形成」について、その具体的な方法に対する検討が欠けていることを課題として指摘しておかなければならない。また、1997年以降も、「主体性」の育成研究において、個人の選択の自由という視点が欠けていること[85]、「主体性」を論じる時に「利用と育成」の一側面が強調される一方で、「主体性」を「尊重」する一側面が無視されているといった指摘もあった[86]。これらの指摘から、1997年以降、「主体性」の育成研究において、学習者個人の意思や経験が再び重視されるようになったとはいえ、「主体性」の発揮を個人の権利と捉えられていた1989年当初の研究者たちの議論と比べ、研究の自由度がかえって低いものであることがうかがえる。その背景には様々な原因が考えられるが、1989年「天安門事件」の後に、政府の教育研究分野に対して行った「資産階級自由化」の取り締まりに対する危惧が、教育研究分野において完全に払拭されていなかったことは否定できない。

おわりに

中国においては、「主体性」育成の研究が1980年代以降様々な論者によって活発に行われてきた。その過程では、学習者の「主体性」を育成するという方向性と社会主義の国家体制を維持するという必要性との間に存在している葛藤を克服するために、「主体性」の内容構成、とりわけ「主体性」育成の目的や、育成方法についての理論が練り直され続けてきた。

まず、「主体性」の捉えかたにおいては、以下のような変遷をたどってきた。すなわち、学習者の「主体性」概念が提起された1989年当初、「主体性」は「自主性、能動性、創造性」を含む概念であり、「主体性」の発揮が個人の権利と捉えられ、その育成の目的は個人の発達を促すことと認識されていた。しかし、「天安門事件」以降、個人の権利を論じることが禁じられた社会情勢の影響を受け、個人の発達と社会の発展とが対立するものと捉え

る論調が研究者の間に形成された。こうした背景のもとで、「主体性」育成研究においては個人を重視した方向から人間の集団としての営みを意味する「社会」の発展を重視する方向への転換が見られた。特に、1992年に「社会性」が「主体性」の内容構成の第一に挙げられることによって、個人の「主体性」の発達は「社会生活様式、道徳規範、社会行為」に規定されるものであり、「主体性」育成の目的は個人を人間の集団としての営みを意味する「社会」に適応させることにあるという認識が広く見られた。他方、経済発展に伴い、社会主義市場経済体制の確立をきっかけに、1995年以降、「主体性」育成研究において、「主体性」を育成する最終的な目的は人間の集団としての営みを意味する「社会」の発展を促すことであると認識されながらも、「主体性」育成における個人の自由や個人の発達が再び注目されるようになった。さらに、1997年に「主体性」の育成における学習者の「自己形成」の必要性が研究者に提起されて以降、「主体性」育成の目的において、学習者個人の発達を促す方向への転換が加速してきた。

　「主体性」育成の目的に対する研究者たちの捉えかたの変遷に伴い、その育成方法も見直され続けてきた。全体的な流れとして、学習者個人の経験や自立的な取り組みを重視する方向から、一時期は教師の指導を強調する方向へと転換されたが、1995年以降、再び学習者個人の経験など彼らの自立的な取り組みが重視されるようになった。特に、1997年に「主体性」育成に関する研究において構成主義の視点が取り入れられて以降、現在に至るまで、研究者の間では、教師の指導は学習者の「主体性」を発達させるうえで必要な条件とされながらも、教師の役割は学習者の「主体性」の望ましい方向への発達を可能にする教育実践環境の整備に限定されており、「主体性」育成における学習者自身の取り組みがより一層注目されるようになってきた。

　約20年間の議論を経て、現在においても「主体性」という概念について、教育研究分野においては統一した認識が形成されてはいない。しかしながら、「主体性」は「自主性、能動性、創造性」を含み、「社会性」とも関係する概念であるという考えが教育研究分野に定着している。「自主性、能動性、創造性」が含まれていることから、一個人として自らの意志や、自らのニー

ズに基づき選択を行い、物事に積極的に関わる自立した態度や新しいものを作り出す創造的な意欲と能力が求められていることがうかがえる。他方、「社会性」の持つ具体的な意味内容が時代によって変化してきたことについては注目すべきところであろう。つまり、個人の発達と社会の発展とが対立するものと認識された1990年代初頭に、研究者たちが主張していた「社会性」とは、「主体性」と並立する人間の本質的な特性であり、個人の行動は「社会生活様式、道徳規範、行為基準」などに制約されるものであった。その具体的な意味内容は、社会の構成員である一人ひとりが、適応すべき人間の集団としての営みを意味する「社会」に対して一定の任務を負い、求められる義務を果たすことであり、「社会」という外の世界による規定性（傍点筆者）が強調されていた。このような考え方は「主体性」の育成において個人の自由と発達が再び重視されるようになった1996年まで色濃く存在していた。一方、1997年に入ると、教育研究分野では個人の発達と社会の発展とが対立するものであるという認識が完全には払拭されてはいないものの、「社会」が「自己」と「他者」で構成される、人と人との繋がりを持つ場所であるという認識が芽生えはじめた。これに伴い、この時期に論じられている「社会性」には、「自己」と「他者」との関わりといった人間関係という新たな意味合いが付与されるようになった。さらに2001年以降、「主体性」育成における「交流」と「協調」が強調されることによって、現在では「社会」は人と人との繋がりを持つ生活の場として認識されるようになっている。したがって、「社会性」とは生き生きとした個々人の「交流」と「協調」であり、人と人との繋がりを持つ生活の場としての「社会」をより良いものにするために、他者と協力し連携する態度や能力といった人間関係であるという認識が定着した。つまり、現在の教育研究分野で言及されている「社会性」においては、個人の内面に根ざしたもの（傍点筆者）がより重視されているのである。このように、「社会」や「社会性」の持つ意味内容の変化に伴い、「主体性」の持つ意味内容も変化し続けてきた。

また、約20年間の議論において、「主体性」の育成方法に関しては、程度の差は見られるものの、学習者の「主体性」の育成において教師の指導が必

要とされ続けてきたことが確認された。特に、1997年以降も、「主体性」の育成において、学習者の「自己形成」が強調されていながら、教師による「価値引導」も必要とされている。そのため理論的研究において、「主体性」という概念は、学習者の内実において元からあるものというより、彼らの発達において育成されるもの、教育・指導されるべきものという前提があることが明らかとなった。

　以上を踏まえて、中国において教育理論研究レベルで提起されている「主体性」という概念は、社会の発展という視点に立った、教育を通じて育成すべき望ましい人間の能力と態度であり、「自主性、能動性、創造性」を含み、「社会性」と関係性のある概念であることが明らかとなった。その具体的な内容は、個人が自らの意思に基づき、自立した選択を行い、物事に積極的に関わる態度や新しいものを作り出す創造的な意欲と能力、また社会をより良くするために他者と協調し連携する態度と能力のことであると言えよう。ただし、こうした「主体性」の育成においては、教師の指導を前提としていることが必須条件となっていることも明らかである。

　「主体性」育成の目的や方法に対する研究者の捉えかたの変遷、特に、1997年以降、「主体性」育成研究において、構成主義の学習理論に基づく「自己形成」に対する重視や「交流」と「協調」という視点を取り入れたことから、「主体性」の育成をめぐる理論的充実と深化がうかがえる。とりわけ、近年の「主体性」育成研究において、再び個人の自立した取り組みが重視され、「社会性」に対して新たな見解が形成されたことは、研究上の進展として評価すべきところであろう。また、「主体性」育成をめぐるこれらの理論的研究は、「主体性」を育成する際の有効な方法を探索する実験的研究にも大きな示唆を与えることと考えられる。

　このような進歩があったにも関わらず、1990年代以降、「主体性」育成の目的においては常に社会の発展が意識されており、そのために学習者の「自主性、能動性、創造性」よりも「社会性」の育成がより重視されていた。また、2001年以降現在に至るまで「主体性」育成における学習者の「自己形成」が重視されるようになったものの、学習者の「自己形成」に対する具体

的な検討が行われていない。それに加えて、児童の「主体性」は教師の指導・規範といった外的影響によって育成されるものとして捉えられ続けてきた。そのため、児童の自立した取り組みと密接に関わる「自主性、能動性、創造性」の育成に対する検討は不充分であるように見える。さらに、1997年以降も研究者の主張において「主体性」の発揮は個人の権利とは捉えられておらず、1989年当初の研究者たちの議論と比べ、「主体性」育成研究の自由度がかえって低くなっているということも課題として残る。これらの点が教育研究分野における「主体性」育成研究の限界となっており、今後の理論的研究においてさらなる検討が必要となるところであろう。

注

1　馮建軍「主体教育的歴史透視」『南通大学学報（教育科学）』2005（4）、2005年、pp.3-4。
2　http://www.cnki.net/　中国の自然科学、人文科学、社会科学の定期刊行物や会議資料・論文などを検索できる、中国における最も大きな電子データベースである。
3　于光遠「教育認識現象学中的『三体問題』」『中国社会科学』1980（3）、1980年、pp.79-95。
4　魏立言「教育主体性問題論争述略（上）」『上海教育科研』1994（3）、1994年、pp.5-8。魏立言「教育主体性問題論争述略（下）」『上海教育科研』1994（4）、1994年、pp.11-17。
5　張天宝『主体性教育』教育科学出版社、1999年、pp.31-33。
6　王本陸に対するインタビュー、北京、2008年12月3日。
7　安平「教育与人研討会総述」『教育研究与実践』1989（3）、1989年、pp.17-19。
8　斉藤哲郎「主体性論争と中国――胡風・劉再復・ルカーチ」『思想』1991（12）、1991年、p.80。
9　王道俊・郭文安「譲学生真正成為教育的主体」王道俊・郭文安主編『主体教育論』人民教育出版社、2005年、p.52、（初掲載は『教育研究』1989（9））。
10　同上論文、pp.55-57。
11　王道俊「主体教育論的若干構想」王道俊・郭文安主編、前掲書、p.25。
12　同上。
13　同上論文、p.26。
14　田慧生「論学生主体地位的確立与教学実践重心的転移」『教育研究』1989（8）、1989年、p.40。
15　同上論文、pp.43-44。
16　裴娣娜「我国現代教学論発展中的認識論問題」『高等師範教育研究』1990（4）、1990年、p.34。
17　同上論文、p.35。

18　王本陸に対するインタビュー、北京、2012年1月28日。
19　王策三に対するインタビュー、北京、2008年6月1日。
20　1985年6月15日「共青団中央関於不失時機地対青少年進行愛国主義和革命伝統教育的通知」、何東昌主編『中華人民共和国重要教育文献（1976〜1990）』海南出版社、1998年、p.2290。
21　1986年9月28日「中共中央関於社会主義精神文明建設指導方針的決議」、何東昌主編、同上書、p.2504。
22　1987年5月29日「中共中央関於改進和加強高等学校思想政治工作的決定」、何東昌主編、同上書、p.2616。
23　1985年5月6日「鄧小平『搞資産階級自由化就是走資本主義路線』」、何東昌主編、同上書、p.2274。
24　1986年12月30日「鄧小平『旗幟鮮明地反対資産階級自由化』」、何東昌主編、同上書、p.2561。
25　1987年3月3日「鄧小平『中国只能走社会主義道路』」、何東昌主編、同上書、p.2586。
26　王本陸へのインタビュー、北京、2008年7月10日。
27　斉藤哲郎、前掲論文、p.82。
28　王道俊「在困惑中求索」王道俊・郭文安主編、前掲書、p.15。
29　劉福森「主体、主体性及其他」『哲学研究』1991（2）、1991年、pp.49-53。
30　王道俊・郭文安「試論教育的主体性」王道俊・郭文安主編、前掲書、p.58、（初掲載は『華東師範大学学報（教育科学版）』1990（4））。
31　同上論文、p.59。
32　同上論文、p.63。
33　同上論文、p.65。
34　張天宝、前掲書、p.35。
35　同上書、pp.35-36。
36　王道俊・郭文安「関於主体教育思想的思考」王道俊・郭文安主編、前掲書、p.73（初掲載は『教育研究』1992（11））。
37　同上論文、p.78。
38　同上論文、p.79。
39　王策三「主体教育哲学刍議」『北京師範大学学報（社科版）』1994（4）、1994年、p.84。
40　同上論文、p.85。
41　裴娣娜「小学生主体性発展実験与指標体系的建立測評研究」『教育研究』1994（12）、1994年、p.54。
42　同上論文、p.57。
43　王策三「論教師的主導作用和学生的主体地位」『教学論稿』人民教育出版社、2005年、pp.372-375（初掲載は『北京師範大学学報（社科版）』1983（6））。
44　裴娣娜主編『現代教学論（第三巻）』人民教育出版社、2005年、pp.7-20。
45　張天宝、前掲書、p.36。
46　同上。
47　黄崴「完整体地理解主体性和主体性教育」『教育研究』1995（10）、1995年、p.36。
48　同上。

49 同上。
50 黄崴「主体性・主体性教育・社会発展」『未来与発展』1994（4）、1994年、p.31。
51 黄崴、前掲論文「完整体地理解主体性和主体性教育」1995年、p.36。
52 魯潔「論教育之適応与超越」『教育研究』1996（2）、1996年、p.4。
53 同上論文、p.3。
54 同上論文、p.4。
55 同上。
56 同上論文、p.3。
57 黄崴『主体性教育論』貴州人民出版社、1997年、p.17。
58 同上書、p.10。
59 同上書、p.131。
60 同上。
61 同上書、p.3。
62 肖川「従建構主義学習観論学生的主体性発展」『教育研究与実践』1998（4）、1998年、p.1。
63 同上。
64 同上論文、p.2。
65 同上論文、p.3。
66 同上論文、p.4。
67 同上。
68 同上。
69 肖川『主体性道徳人格教育』北京師範大学出版社、2002年、p.154。書籍として出版されたのは2002年のことであるが、この本のもととなる論文が発表されたのは2000年以前のことである。
70 同上書、p.155。
71 同上書、p.127。
72 中華人民共和国教育委員会「関於当前積極推進中小学実施素質教育的若干意見」1997年10月29日。中国共産党中央委員会、国務院「関於深化教育改革全面推進素質教育的決定」1999年6月13日。
73 裴娣娜主編、前掲書、p.19。『主体教育与我国基礎教育現代化発展的理論与実験研究』課題組編、『主体教育与我国基礎教育現代化発展的理論与実験研究（第1集）』北京師範大学教育科学研究所、2002年、pp.130-132。
74 裴娣娜主編、前掲書、pp.38-39。
75 裴娣娜「主体参与的教学策略」『主体教育与我国基礎教育現代化発展的理論与実験研究』課題組編、同上書、p.209。
76 裴娣娜「合作学習的教学策略」『主体教育与我国基礎教育現代化発展的理論与実験研究』課題組編、同上書、p.219。
77 裴娣娜「全国教育科学規劃重点課題申請・評審書」2001年10月30日、『主体教育与我国基礎教育現代化発展的理論与実験研究』課題組編、同上書、p.167。
78 裴娣娜、前掲論文「合作学習的教学策略」、p.220。
79 『主体教育与我国基礎教育現代化発展的理論与実験研究』課題組編、前掲書、2002年、pp.251-258。
80 張天宝『走向交往実践的主体性教育』教育科学出版社、2005年、p.166。

81 同上書、pp.166-194。
82 王道俊「主体教育論的若干構想」王道俊・郭文安主編、前掲書、pp.27-34。
83 楊小薇「主体教育活動体系優化実験研究」裴娣娜主編、前掲書、p.434。
84 任平『交往実践的哲学』雲南人民出版社、2003年。張天宝『走向交往実践的主体性教育』教育科学出版社、2005年。龍柏林『個人交往主体性研究』広東人民出版社、2005年。龍柏林「個人交往主体性的功能詮釈」『吉首大学学報（社会科学版）』2007（2）、2007年、pp.23-27。褚鳳英「交往活動与主体際：思想政治教育者与教育対象関係新解」『理論探討』2008（1）、2008年、pp.128-130。楊連「師生交往的特徴与策略」『寧夏教育科研』2008（2）、2008年、pp.53-54。馮暁霞「主体間性：一種新型的師生交往関係」『寧夏師専学報（哲学社会科学版）』2008（2）、2008年、pp.109-113。趙琳・王淑絹「主体関性的重建、提昇課堂教学効能的重要途径」『新課程（教研）』2010（1）、2010年、p.140など。
85 孫迎光「走出教育界主体熱的迷宮」『社会科学』1998（8）、1998年、pp.35-38.
86 呉航「我国主体性教育理論研究的現状及反思」『華中師範大学学報（人文社科版）』2000（6）、2000年、pp.136-142。

第2章
「主体性」育成に関する実験の展開
―― 裴娣娜の研究に焦点をあてて

はじめに

　第1章で明らかになったように、1989年に「主体性」という概念が教育研究分野で提起されて以降、約20年の間、「主体性」育成研究が様々な論者によって活発に行われてきた。一方、「教育科学の生命は教育実験にある」[1]というスローガンのもと、1980年代初頭から学習者の独学能力や彼らの学習に対する自主性、能動性などの育成を目指して、教育者による自発的な教育実験が点々と見られるようになった[2]。これらの教育実験の多くは、教師の「教え」を重視した伝統的な教育のありかたに再検討を加え、学習者の「学び」を重視する教授・学習過程の開発に取り組むものであった。しかし、理論的な指導が欠けていたため、これらの教育実験のほとんどが教師の教授経験をまとめるレベルにとどまっていた。また、実験においては学習者の年齢や心身の特徴が無視され、学習過程における彼らの情感、興味、態度などよりも認知要素の方がより重視されているという問題もあった[3]。

　「天安門事件」以降、中国では「資産階級自由化」に対する厳しい取り締まりが見られ、教育研究分野にもその影響が及んだ。一方で、1992年初頭に、鄧小平は国民に思想の解放を求める「南巡講話」を発表し、文革後の「第二次の思想解放」を引き起こした。同年10月、中国共産党第14回党大会が北京で開かれ、この大会において、経済発展を加速させることや、社会主義市場経済体制を確立することに関する決議が行われた。これらのことをきっかけに、「主体性」育成に関する理論的研究が再び活発になるとともに、「主体性」育成の理論的研究を指導理念としながら、学習者の「主体性」育

成を目指す実験的研究が発足し、組織的に展開されるようになった。以来、約20年間、学習者の「主体性」育成に関する実験的研究は国家重点研究プロジェクトとして取り組まれてきており、積み重ねられた成果の一部は2001年の基礎教育課程改革にも影響を与えていた[4]。

すでに、第1章で明らかにしたように、中国における「主体性」育成の理論的研究において、すべての時期にわたって裴娣娜は代表的な論者である。実際としても裴は1992年に児童の「主体性」の発達に関する目標と評価基準を構築し、教育実践に新たな方法論を提供することを目指して、自身の主宰する「主体性発達実験」を起点に、約20年間、一貫して「主体性」育成の実験的研究を続けている。これらのことから、中国における「主体性」育成研究の第一人者として評価されている。

本章は、裴娣娜の研究に焦点をあてて、特にその理論と実験の対応を見ることによって、中国で構想されている「主体性」の育成方法の具体的実像を究明するとともに、「主体性」育成に関する実験的研究の成果と課題を明らかにする。

裴娣娜は1942年に重慶で生まれ、1959年から北京師範大学でカリキュラムと教授・学習論や教育研究方法を学び、1964年に卒業すると同時に北京師範大学の教員となった。その後1988年から1989年までアメリカのピッツバーグ大学で教育科学の研究方法について学び、帰国後、1991年に北京師範大学教育学系の主任となり、2008年まで教壇に立っていた。

1992年に裴が理論的指導者となり、北京師範大学教育学系（当時）が河南省安陽人民大道小学と協力して実施した「主体性発達実験」は、この分野で最も影響力を持つものである。本実験は1992年に国家教育委員会（現在の教育部）の「八五（第8次五カ年）」計画の関連プロジェクトとして採用された[5]。1996年には、全国師範系大学基礎教育改革実験的研究プロジェクト優秀成果一等賞を獲得し、引き続き国家教育委員会「九五」計画に採用された。そして2001年10月に「主体性発達実験」の継続的研究として、裴の「基礎教育現代化発展の理論・実験研究」が国家教育部の「十五」計画プロジェクトに採用された。実験校の数は、1992年から2005年までの13年間に北京、天

津、河北、江蘇など16の省、市の122校にまで増えた。また北京師範大学、華中師範大学、南京師範大学など14の高等教育機関や、中央教育科学研究所、人民教育出版社の関連部門を含む多くの研究機関や教育行政部門の多数の研究者も、裴の実験に加わった[6]。これらの裴の研究は、教育政策の策定や、2001年の基礎教育課程改革にも一定の影響を与えたため、裴の実験を分析することで中国における「主体性」の育成方法の具体的実像により迫ることができると考えられる。

なお、裴の実験を分析する前に、その分析枠組みを明確にしておく。

第1節　本章における分析の視点

第1章で明らかにしたように、中国における教育研究分野で提起されている「主体性」という概念は社会の発展という視点に立った、教育を通じて育成すべき望ましい人間の能力と態度のことであり、個人の発達に焦点をあてる「自主性、能動性、創造性」を含み、他者との連携や社会の発展を意識させる「社会性」とも関係する概念である。その具体的な内容は、個人が自らの意思にしたがって自立した選択を行い、物事に積極的に関わる態度や新しいものを作り出す創造的な意欲と能力、また、社会をより良くするために他者と協調し連携する態度と能力である、とまとめられる。ただしこうした「主体性」の育成において、教師の指導が前提としていることも留意しておきたいところである。

しかし、個人の発達と社会の発展は時に矛盾しうるものであり、「主体性」と関わる「社会性」においてどのようにその矛盾が扱われているのかは、1つの注目すべき点である。また、中国における教育研究分野で提起されている「主体性」という概念の持つ具体的な内容において表される、「自立した」、「自らの意思」という言葉から、「主体性」を論じる際に最も問われるのは主体の内面の自由、選択の自由であることがうかがえる。しかし、第1章で明らかにしたように、中国の教育研究分野において、理論的研究で論じられている「主体性」という概念は、学習者の内実において元からあるもの

というより、彼らの発達において育成されるもの、教育・指導されるべきものという前提がある。このことは特に、1990年代の中国における「主体性」育成研究の代表的な論者である王道俊と郭文安が発表した論文のなかで行われた、デューイの児童中心主義思想に対する批判からうかがえる。すなわち、当時の論文においては、王道俊と郭文安は「主体性」概念を児童の自発的な行動とは矛盾するものと捉えていた。また2001年以降も、研究者の主張においては「主体性」育成における教師による「価値引導」が必要とされている。それに加えて、1997年以降に展開されてきた「主体性」の育成研究においても、個人の選択の自由という視点が欠けていること[7]、「主体性」を論じる時に「利用と育成」の一側面が強調される一方で「主体性」を「尊重」する一側面が無視されているといった指摘も見られる[8]。これらのことからわかるように、中国における「主体性」概念に登場する「自立した」、「自らの意思」という用語も、中国の文脈において解釈する必要がある。

　学校教育は本来意図的なものであり、特に心身の発達が未熟な児童に、教育のあらゆる過程において自由に選択させること、また常に自立的な行動を取るように求めることは、現実的に不可能である。しかし、学習過程においてある程度、自立的な学習を体験する機会を児童に与えることは、児童「主体性」の育成に不可欠だと考えられる。たとえ「主体性」の発揮が制限されるものであっても、制限の範囲内であれば、その自由な発揮が許されるべきであろう。このような考えに基づき、学校教育のなかで展開されていた有効な「主体性」育成方法の開発を目指す裴の実験的研究に対する分析に対応するため、本章では、学習場面を想定し、児童の「主体性」を、序章でも提起したように、学習課題に取り組む際に、積極的に考え、能動的に情報を収集・選択し、他者と交流しながら自らの考えを深め、問題解決の過程を積極的に体験し、創造的に問題を解決する方法を見つける児童の態度と能力のこととする。その際に、最も重要なのは、児童が体験したり探究したりする際に、児童自身の考えかたや感じかたに基づいて何らかの選択が行われることである。

　これに依拠して本章では、裴の実験的研究について次の2点に注目して検

討する。第1に、「主体性」の内容構成、特に「社会性」がどのように捉えられているのかである。第2に、児童の「主体性」を育成する教育方法の開発（具体的には教材の選定、学習形態や教育評価）において、どの程度、児童の自立的な探究が配慮されているのかである。

第2節　「主体性発達実験」――1992年から2000年まで

1　実験で構想されている育成すべき人間像

　「主体性発達実験」は小学校低学年の児童を対象とした実験であり、①児童の「主体性」の基本構造とその行為・表現を探り、「主体性」の発達に影響を与える要因を分析し、「主体性」を発達させる方法を究明すること、②児童の「主体性」の発達に関する目標と評価基準を構築し、教育実践に新たな方法論を提供することを目標としている[9]。

　先述したとおり、裴が学習者の「主体性」に注目し始めたのは、1989年のことである。当時の裴にとって、「主体性」は学習者の自立した選択や判断を行う態度と能力のことであり、彼らの自由と切り離せない概念であった。また、裴は教育の「個性化」を重んじ、教育の目的は学習者一人ひとりの発達にあると考え、「主体性」の育成において、学習者個人の経験を重視していた。一方で、1990年代初めに「資産階級自由化」に対する厳しい規制が始まるなか、多くの研究者は「主体性」について論じる際、個人重視の方向から社会重視の方向へと転換する態度を取るようになった。このような転換は、裴の「主体性発達実験」にもうかがえる。

　「主体性発達実験」の理論的研究において、裴は「主体性」には「自主性、能動性と創造性」が含まれると主張していた[10]。特に、「能動性」については、「目的を持ち、意図的に世界を認識し、世界を改造する理性的な活動のなかに現れるものであり、児童にとって、社会に対する適応性だけでなく、学習に対する適応性も意味するものである」[11]と解釈している。また、「能動性」の内容構成を「学習適応性」[12]と「社会適応性」として提示し、「学習適応性」

とは、学習活動における児童の興味・関心や理解力・表現力・観察力の向上とともに、「強い集団意識を持ち」、「積極的に集団の活動に参加し、集団から渡された任務をやり遂げる」[13]ことだと述べている。他方、「社会適応性」については、「主体性の重要な構成部分であり、児童個人が徐々に既存の社会生活様式、道徳規範、行為基準を受け入れる過程である」[14]としている。

「学習適応性」と「社会適応性」に対する解釈から、当時、裴にとって「社会」とは「社会生活様式、道徳規範、行為基準」などに規定される存在と認識されていた。また、「社会性」とは、単に児童が既存の「社会」を受け入れること、集団に従属し、規範意識を持つことと捉えられており、児童の行動はこうした「社会生活様式、道徳規範、行為基準」から踏み出すことが許されていないことがうかがえる。

したがって、本実験において裴が構想していた育成すべき人間像とは、主体的な意識を持ってはいても、既存の「社会生活様式、道徳規範、行為基準」などによって制約され、規範意識を持ち、集団の活動に積極的に参加し、集団に服従する個人にとどまっていたと考えられる。

2 実験の内容

本実験において「主体性」は、主体的な意識と主体的な参加の統一体とされ、「主体性」を「基本的本質」層、「主体的な意識」層及び「行為」層の3つの層で構成される体系に分解して捉え、「主体性」という抽象的な概念を具体的に測定できるものに転換した。また、児童の「主体性」の発達に関する評価基準の項目を開発し、児童の「主体性」行為発達のレベルを示す基準を作成した（表2-1）。

表2-1が示すように、児童の「主体性」発達のレベルはA、B、Cの3つのレベルに分けられている。Aは自主的な行為を意味しており、児童の「主体性」のレベルが高いとされている。Bは要求にしたがって行動することを意味しており、児童の「主体性」のレベルは普通とされている。Cは受動的な行為を意味しており、児童の「主体性」のレベルは低いとされている。

表2-1 児童の主体性行為発達のレベル (一部)

	Aレベル	Bレベル	Cレベル
モチベーション	優等生になるように努力し、成功を求める。	現状に満足し、執着心がない。	おちこぼれに甘んじて、向上心を持たない。
	明確かつ具体的な学習目標を設定する。	教師の指示に従い、合格点を目指す。	学習目標を持たず、合格か否かを気にしない。
競争意識	活動に積極的に参加し、勝つように努力する。	学校の要求に従い活動に参加するが、順位を気にしない。	活動に全く参加しない。
	活動に参加し、積極的に自己主張をする。	時折自己主張をする。	ほとんど自己主張しない。
社会適応性	利己的でなく、喜んで人を助ける。	時折他者のことを心配し、助ける。	利己的である。
	正義感が強い。	トラブルを避ける傾向がある。	正義感が弱い。

出典：裴娣娜「小学生主体性発展実験与指標体系的建立測評研究」『教育研究』1994 (12)、p.58。

　児童「主体性」行為発達のレベルを示す基準を踏まえて、児童の「主体性」発達の評価基準の構造図（図2-1）が作成された。すなわち、「自主性・能動性・創造性」という3つの「基本的本質」に対応して、10の「主体的な意識」及び49の「行為」が示されている。なお、図2-1では行為の部分は省略しているが、たとえば「自己調整」という「主体的な意識」に対応する「行為」としては、「強い集中力があり、終始一貫して行動すること、学校の制度や、仲間と遊ぶ時の集団規則を守ること」が示されている。また、「社会適応性」という「主体的な意識」に対応する「行為」としては、「利己的でなく、他者を尊重し、喜んで他者を助けること、正義感が強く、友達と仲良くすること」などが示されている[15]。

　さらに、児童の「主体性」の発達に影響を与える要因が分析され、内部要素と外部要素があると指摘された。内部要素とは児童の素質構造であり、知識と知力だけでなく、思想・品徳の発達水準、モチベーション、身体素質、活動能力、科学に対する態度、人格なども含まれる。外部要素とは主として学校教育、社会教育と家庭教育によるものとされている。また、児童の「主体性」は個人によって異なること、「主体性」を発達させるために主体の素

第2章 「主体性」育成に関する実験の展開　63

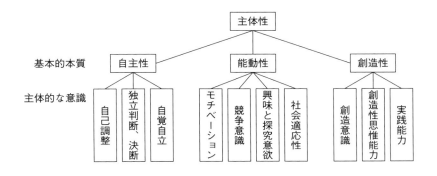

図2-1　主体性発達の評価規準構造図
出典：裴娣娜「小学生主体性発展実験与指標体系的建立測評研究」『教育研究』1994（12）、p.58。

質構造を改善したり、環境を最適化したりすることが重要であることなども認識されることとなった[16]。

　理論的研究と同時に、1992年9月から約一年間かけて、幼稚園と小学校を繋ぐ「学前班（就学前教育）」の2つのクラスの児童106名（6歳クラス57人、6歳半クラス49人）を対象とする予備実験も行われた。これは、児童の「主体性」育成研究をより高いスタートラインに立たせることを目指したものである。この予備実験では、算数と国語の学習における児童の興味・関心や理解力・表現力及び観察力の育成とともに、とりわけ児童が活動に参加する際の積極性、能動性、任務遂行能力と規範意識など、彼らの「社会適応性」の育成に重点がおかれた。その実施においては、学習内容に社会学習、科学啓蒙学習や課外活動なども組み入れられ、「見る、聞く、話す、歌う、描く」など児童自身の活動を重視し、遊びのなかで児童の発達を促すことが目指された。また、実験クラスを担当する教師には、児童一人ひとりに合わせた「主体性」発達を目指す指導案や詳細な観察記録を作成するとともに、児童の個人差に応じた指導を実施することも求められた。このような一年間の予備実験を経て、実験前後の児童の「主体性」の発達水準の比較分析を行った。その結果、実験に参加した児童の「主体性」の発達状況は実験前より高い水準

に達したことが確認されたという[17]。

予備実験の成果を踏まえて、1993年9月から本格的な実験が行われた。新入生の一学年の8つのクラスから任意の2つのクラスが実験クラスとして選定され、実験クラスに実践的指導力の高い教師を配置するとともに、カリキュラムの最適化、教材の改革、徳育の重視、活動の充実、教授方法の改善などに重点をおいて実験が実施された。具体的には、まず、小学校のすべての課程を①国語、算数を中心とする基礎的な知識の獲得を目的とする教科目、②思想品徳科、社会科、理科、生活科など科学的な知識の獲得を目的とする教科目、③体育科、音楽科、美術科を主要な内容とする芸術類教科目、④総合性活動課程という4つの部分に分類した。次に、低学年の児童の特徴を重視して、課程の構造や授業時間の弾力化が図られ、実験クラスでは北京師範大学の開発した児童の日常生活と密接に繋がる教材が使用された。そして、徳育においては、親孝行をすること、他人を思いやること、集団を愛すること、祖国に忠誠を尽くすこと、勤勉に勉学に励むことなどの徳目に重点がおかれた。また、これらの徳目の定着を図るため、暗唱を目的とする「四字熟語」などの教育読本の編纂・配布作業に児童を携わらせた。さらに、活動課程の充実や、「啓発式」教授方法の実施、一斉授業やグループ学習と個別指導との結合も行われた[18]。

3 実験の成果と課題

裴は、「主体性発達実験」の成果として次の2点を挙げている。1点目は児童の「主体性」の発達に影響を与える要因を分析し、児童の「主体性」の発達に関する目標と評価基準を構築したこと、2点目は実験的研究の後期において、「協同学習」、「主体的参加」、「個人差尊重」、「成功体験」をキーワードとする発展的な教授・学習方略を開発したことである。「協同学習」とは、学級・グループ・個人の3者の連動に着目した学習のスタイルである。「協同学習」の目的は児童の個人差を配慮し、学習活動における児童一人ひとりの参加率を高めることにある。また、グループ間の友好的な競争や、グループ

内のメンバー間の助け合いを通じて、教師－児童間、児童どうしの間において協力的で平等な人間関係の形成も目指している。一方で、本実験の課題として、顕在化しない「主体性」の特質についての考察が欠けていること、評価実施者である教師の指導力が実験で求められる水準まで達しておらず、児童に対する評価を行う際に教師の主観も伴うことの2点が挙げられている[19]。

　本実験の最大の成果は、中国の教育学研究分野において、それまで個々の研究者によって論じられていた「主体性」という抽象的な概念を具体的に測定できるものに転換し、「主体性」発達の評価基準を構築したことにより、児童「主体性」の発達状況を把握する尺度を提供したこと、また「主体性」育成の方法について具体的に検討し、実際の教育現場でその有効性を検証したことである。そして、「児童の主体性行為発達のレベル」を作成することで、実験的研究における児童の「主体性」の発達をC→B→Aへと進めるという方向性を示したことにも本実験の意義があると言えよう。さらに、児童の「主体性」には個人差が存在することと、その「主体性」を発達させるために児童の素質構造の改善や環境の最適化を行うことの重要性が認識された点にも意義が認められる。

　しかしながら、教育目標の設定においては、児童が既存の社会生活の様式、道徳規範、行為基準などを受け入れることのみを強調する社会の集団原理に基礎をおく「社会適応性」の育成が重視されていた。そのため、たとえ既存の社会をより良いものにする行動であっても、既存の社会生活の様式、道徳規範、行為基準から逸脱することは認められていないことがうかがわれる。

　また、教材や学習形態において、体験や探究の際に児童の考えかたや感じかたに基づく選択は充分に取り入れられていないことも挙げておきたい。このことは、本実験で取り組んでいる徳育から特にうかがえる。徳育においては、児童に「四字熟語」などの教育読本の編纂や配布する作業に携わらせていた点で、児童の主体的な参加に対して一定の配慮があった。しかし、教育者側から提示された道徳価値を児童に定着させるために、暗誦が求められていた一方、道徳価値の定着過程において、児童の自らの探究（たとえば、登場人物になりきって葛藤している場面に直面し、自ら考え、感じることによって価値

選択を行うといった活動）は見られなかった。

さらに、何より教育評価においては大きな課題が存在していることを指摘しておかなければならない。すなわち、活動における児童の参加率の向上を目指した本実験では、児童の行為と彼らの意識が必然的につながる関係にあるものと捉えられ、意識が必ず観察可能な行動として表出すると想定されていた。それゆえ、本実験では、児童が活動に参加する時の積極性、能動性、規範意識を重視し、児童の主体的行為のうち、観察することが容易な行為表出に依拠しつつ、児童「主体性」の発達状況に対して教師によるA、B、C三段階式絶対評価[20]が行われていた。その一方、児童の主体的行為のうち、顕在化しない意識をはじめ、行動と意識との関係性に対する検討、また形成的評価に対する検討が欠けていることが課題として残る。

その他にも、本実験では児童の日常生活と密接な関わりを持つ教材を開発し、「啓発式」教授方法の導入、一斉授業とグループ学習や個別指導との結合の実施など、指導方法を改善する工夫が行われたこと、児童の参加を促す活動課程の充実が図られたことが報告されている[21]。しかし、それらの具体的な内容を示すものが確認されておらず、疑問の余地が残るところとなる。特に、教育目標、教材・学習形態、そして児童の「主体性」に対する評価に見られる上記の課題から、本実験的研究においては、児童「主体性」の育成における教師の主導がより強調されていることがわかる。そのため、当時の裴にとって、児童の「主体性」は教師の指導・規範といった外的影響によって育成されるものとして捉えられていたと言えよう。

第3節　「基礎教育現代化発展の理論・実験研究」
――2001年から2005年まで

1　実験で構想されている育成すべき人間像

「基礎教育現代化発展の理論・実験研究」は主として小学校中・高学年の児童を対象としたものであり、本実験において裴は引き続き「主体性」育成

教育の理論的構築とともに、「主体性」の発達を促す有効な教授・学習モデルの探究を目指していた[22]。

第1章で述べたように、21世紀に入っても、裴は「主体性」の育成における「社会性」を重視している。しかし、21世紀に入ってからの裴が提唱する「社会性」においては、新しく「交流」と「協調」の概念が強調されるとともに[23]、「主体性」の育成における学習者自らの思考・探究を通じて既に形成されている認識に基づき、情報に対して取捨選択を行う「自己形成」も重視されるようになっている[24]。裴の理論的変化の背景には、社会主義市場経済体制の確立やWTO加盟に伴う中国社会の変化があったこと、また教育改革を行うために諸外国の教育思想が中国で検討されたことがあったと考えられる。

裴の理論に見られるこのような変化は、本実験における育成すべき人間像についての裴の構想にもうかがえる。すなわち本実験では、積極的に学習活動に参加し、学習過程において「自己形成」しながら、他者と交流し、連携する意識を持つ個人の育成が目指されたのである。一方で、第1章でも述べたように、「主体性」の育成における学習者の「自己形成」について、その具体的な方法に関する検討が欠けている点は、裴の理論的研究の限界と指摘せざるを得ない。

2　実験の内容

「基礎教育現代化発展の理論・実験研究」においては、「主体性発達実験」で開発された発展的な教授・学習方略が中心に取り上げられ、とりわけ「協同学習」という教授・学習形態を生かしたグループ編成が行われた。具体的には、クラス内のグループを編成する際に、クラス全員の学習到達度を高・中・低に分け、それぞれを各グループに振り分ける。これにより、児童の到達度に関して、グループ内では差が存在するが、グループ間では差がないようにした。なお、1グループは5人から7人で構成された[25]。「協同学習」の目的は第1章でも述べたように、まず個人差に対する配慮にあり、教授・学

表2-2 「協同学習授業観察表」

学年				科目			日付		
任務	位置づけ								
	教師								
発動者	教師						児童		
時間		分	秒	メンバー構成	男	名		女	名
グループ内におけるインタラクション		\multicolumn{5}{c}{発言状況}			社会情緒領域		
		オリジナル	反対	修正	追随	発問	団結	緊張除去	賛同
	A								
	B								
	C								
	D								
	E								
教師の参与	回数								
	時間								
	対象								
	作用								

出典：裴娣娜主編『現代教授・学習論』第三巻、2005、p.32。

習活動における児童一人ひとりの参加率を高めることである。それと同時にグループ間の友好的な競争や、グループ内のメンバー間の助け合いや学び合いを通じて、児童の「社会性」や集団意識を育成し、教師－児童間、児童どうしの間に調和的で平等な人間関係を形成することも目指されていた。

グループ学習における児童の協同意識と行為・技能の発達状況に関するデータを収集し、「協同学習」の実験過程及びその結果を分析するために、本実験では「協同学習授業観察表」（表2-2）や「児童の協同意識と行為・技能の発達状況に関する調査表」（表2-3）が開発された。

まず、「協同学習授業観察表」を見てみよう。表2-2の「任務」の欄にある「位置づけ」とは、「協同学習」で扱われる内容が、授業における重要なポイントか難しいポイントかに該当することを意味する。「発動者」の欄には、「協同学習」の発動者（組織者）が教師であるか児童であるかを記入する。アルファベットはグループのメンバーを示しており、「グループ内におけるインタラクション」においては、グループメンバーの発言が集計される。「教師の参与」の「対象」とは、教師がグループの活動に参加したか、児童に対して個別指導を行ったかを示すものである[26]。

表2-3　「児童の協同意識と行為・技能の発達状況に関する調査表」

---
1. 授業中教師と異なる意見を持つ時、あなたはどんな行動を取るか（理由も述べること）。
   A．すぐに手を上げ、自分の意見を述べる
   B．授業後、教師に説明する
   C．授業後クラスメートと討論する
   D．誰にも話さず、自分で考え直す
2. ある問題に対して他の人と違う意見を持つ時、どのような行動を取るか。
3. 授業中、教師の教授を聞きたいか、それとも、クラスメートと討論したいか。
4. グループ学習という学習形態についてどう思うか。
5. あなたはどのような座席組み合わせが好きか。
   A．二人同席　　　　　B．六人グループ　　　　　C．ABとも可
6. グループで討論する時、あなたはどんな行動を取っているか。
   A．黙っている　　　　B．積極的に発言する　　　　C．時々発言する
7. あなたはグループ討論（具体的な質問）にどんな貢献をしたか。グループ内のほかのメンバーはどうか（三人以上について）。
8. 討論の時、あなたの意見とアドバイスは採択されたか。採択された理由や採択されなかった理由は何か。
9. グループ学習のリーダーはどのように決められるべきか。
   A．教師指定　　　　　B．グループメンバー選挙　　C．ABとも可
10. リーダーの任期は
    A．一ヶ月　　　　　　B．一学期　　　　　　　　　C．ABとも可
11. リーダーの仕事の内容は（複数回答可）
    A．宿題を集めること
    B．グループ討論を組織すること
    C．その他（具体的に書くこと）

出典：裴娣娜主編『現代教授・学習論』第三巻、2005、pp.33-34を参照して筆者が作成した。

　次に、「児童の協同意識と行為・技能の発達状況に関する調査表」を見てみよう。表2-3で示した質問から、児童の主体的な参加とともに、児童と他者との交流を意識していることがわかる。質問1と2が教授・学習過程における教師－児童間、児童どうしの間の関わり方に焦点をあてるものであり、質問3から11までは「協同学習」に関する児童の意識及び彼らの行為に関するものである。なかでも、質問3と6は児童の主体的な参加に焦点をあてるものであり、質問7と8は児童と他者との関わりとともに、児童自身の行動に対する児童の再考を求めるものである。

　さらに、「協同学習」の成果を確かめるために、「協同状況観察表」（表2-

表2-4 「協同状況観察表」

傾聴	1. プラスのフィードバック（賛成）	
	2. 他者の意見を受け入れる	
	3. 他者の発言を断ち切る	
	4. 他者を非難する	
交流	5. 発言者に質問する	
	6. アドバイスする	
	7. 他者の意見を補完する	
	8. 誰も発言しない	
協力	9. 積極的に参加する	
	10. 遠慮する	
	11. 助けを求める	
	12. 援助する	
目標への注目	13. 時間配分を考慮する	
	14. 話題から離れないように注意する	
	15. きょろきょろよそ見する	
	16. 雑談をする	
反省	17. グループの討論に満足する	
	18. 自分及び他者の行為を肯定する	
	19. 改善の意見を出す	
	20. 自分や他者の不当行為を指摘する	

出典：『主体教育与我国基礎教育現代化発展的理論与実験研究』課題組編、『主体教育与我国基礎教育現代化発展的理論与実験研究（第1集）』北京師範大学教育科学研究所、2002、pp.241-242を参照し筆者が作成した。

4）が開発された。

「協同状況観察表」の内容から、グループ学習におけるグループメンバーの行動が傾聴、交流、協力、目標への注目、反省という5つのポイントに分けられていることがわかる。また、ポイントごとに4つの観察できる行為項目が設けられ、すべての行為項目がさらに肯定的に評価される行為（「積極的反応」）か、否定的に評価される行為（「消極的反応」）のどちらかに分けられている。たとえば、「傾聴」というポイントについて見てみると、「プラスのフィードバック」、「他者の意見を受け入れる」という行為項目は「積極的反応」であるのに対し、「他者の発言を断ち切る」、「他者を非難する」という行為項目は「消極的反応」とされている。

この「協同状況観察表」を用いて得られたデータの処理については、記録された各グループの各反応の回数を合計するという方法が取られた[27]。

3　実験の成果と課題

「基礎教育現代化発展の理論・実験研究」について、裴は実験クラスの児童には、協同意識と協力する行為・技能の面において、対照クラスの児童より良い結果が見られたことを評価している。ただし、観察表の内容や、データ処理方法の合理性などについては改善する余地があるとも述べている[28]。

本実験では、児童が学習と発達の中心に位置づけられた。また、教育実践における彼らの主体的な参加とともに、他者との交流にも重点をおいた分析が行われたことは、前の実験的研究より一歩前進したものと評価できる。特に、「交流」と「協同」に焦点を当てられていることから、この時期の裴の構想している「社会」とは、人と人との繋がりの具現であり、一人ひとりの個人によって構成される生活の場と捉えられていることが読み取れる。また、この時期の裴の構想している「社会性」とは、生き生きとした個々人の「交流」と「協調」を通した関係の構築であり、人と人との繋がりを持つ生活の場である社会をより良いものにするために必要な人間関係であることがうかがえる。

一方で、「協同学習」に焦点をあてた本実験的研究についても、いくつかの課題を指摘しておかなければならない。

まず、教材や学習形態について決定するのは教師であり、学習課題に取り組む際に、児童自身が情報の収集や選択に取り組んだり、自ら考えたり感じたりするといった活動は取り入れられていない。

次に、裴の理論的研究において、児童の「主体性」の発達における「自己形成」が意識されているにも関わらず、本実験で開発された表に示されている内容には、児童が友達の発言を取り入れながら自らの意見を深めていくという内容は反映されていない。そのため、本実験で推奨されている学級・グループ内での交流・協同の行為は教師に誘導されるものという性格が見受けられる。

さらに、児童が友達の発言を取り入れながら自らの意見を深めていく「自己形成」がないことで、児童間の交流は実質的には個々の児童が言いたいことを言い合うだけの形式的な交流にとどまる危険性がある。したがって、

「自己形成」についてさらなる検討を行うとともに、「協同学習」で学習する具体的な内容を一つひとつ踏まえた、児童の認識の「自己形成」過程を明らかにする観察表やアンケート調査の開発が必要であろう。

何より、本実験的研究における、「主体性」育成のための評価では、児童の主体的な素質は、主として個々の児童の発言状況として記録されるものと位置づけられており、発言によらない児童の主体的な意識に対する考察が欠けていた。また、学習過程における児童の協同意識と行為・技能については、児童の発言に依拠しつつ積極的か消極的かに二分する絶対評価を行っていた。すなわち、「主体性発達実験」と同様に、本実験においても「主体性」の発揮における意識と行動の関係性に対する検討、また、形成的評価に関する検討が欠けていることを指摘しておかなければならないのである。さらに、評価の主体は教師のみである。中・高学年の児童はある程度自己評価力を身につけている実情を考慮すると、評価を行う際に児童による自己評価や児童どうしの相互評価を視野に入れることも可能であると考えられるが、そのような評価主体の多様化についての検討は行われていない。

以上に挙げている課題の他にも、本実験で開発された「児童の協同意識と行為・技能の発達状況に関する調査表」について、どのように分析されているのか、分析する際の評価基準はどうなっているのかについては具体的な説明がないこと、また、実験クラスと対照クラスでは、それぞれどのような指導が行われていたか、どのような観察結果が見られたのかについても具体的なデータを示していないことといった課題も確認された。そのため、本実験的研究の効果についても疑問の余地が残ると言えよう。特に、本実験においても、教育内容と学習の形態が教師に決定され、児童の「主体性」の発達状況が教師に評価されるものとして位置づけられている。そのため、「主体性発達実験」と同様に、本実験的研究においても、児童の「主体性」は教師の指導・規範といった外的影響によって育成されるものと裏に捉えられていることがわかる。

第２章 「主体性」育成に関する実験の展開　73

表2-5　裴娣娜の実験的研究における児童「主体性」育成のポイント

実験	教育目標	教材	学習形態	教育評価
「主体性発達実験」（1992年～2000年）	主体的な意識を持ち、積極的に学習過程に参加する個人の育成。特に、児童が既存の社会生活の様式、道徳規範、行為基準などを受け入れる「社会適応性」の育成が重視されている。	教科書に収録されている内容、提示されている道徳教育のための徳目。	「啓発式」教授方法の実施、一斉授業やグループ学習、個別指導。	学習過程における児童の参加率が重視されている。教師による絶対評価が行われる。
「基礎教育現代化の理論・実験研究」（2001年～2005年）	積極的に学習活動に参加し、学習過程において「自己形成」しながら、積極的に他者と交流し、連携する意識を持つ個人の育成。	教科書か教師によって持ち込まれた資料。	協同学習（グループ学習）。	学習過程における児童の主体的な参加とともに、他者との交流も重視されている。教師による絶対評価が行われる。

おわりに

　以上で検討してきた裴娣娜の実験的研究における児童「主体性」育成のポイントについて、表2-5のようにまとめることができる。

　まず、教育目標の設定について見ると、「主体性発達実験」では、児童が既存の社会生活の様式、道徳規範、行為基準などを受け入れる「社会適応性」の育成が強調され、彼らの規範意識の育成が重視されていた。そのため、当時の裴は育成すべき児童の「主体性」を、既存の社会をより良く受け入れるための活動に参加する際に発揮される児童の積極性のこととし、社会という枠に制限されるものと捉えていた。その一方、「基礎教育現代化発展の理論・実験研究」において、「主体性」を育成する際には児童の「自己形成」とともに他者との交流が重視されている。したがって、この時期の裴の考えている「社会性」は生き生きとした個々人の交流と連携の関係へと変化してきている。また裴にとって「主体性」概念は、学習過程における児童の「自己形成」とともに、他者との交流・連携の意識や能力を身につけるための児童の積極的、自立的な取り組みをも求める概念に転換してきたと考えられる。

　このように、「主体性」育成に関する裴の理論的変遷、特に「社会性」に

対する裴の捉えかたの変化をたどると、「主体性」育成の目的について、第1章でも明らかにしたように「社会生活様式、道徳規範、行為基準」といった規定性からの影響を受ける人間の集団としての営みに重点をおく「社会」を重視する方向から、個人の「自己形成」を重視しつつ他者との連携にも重点をおく方向に変化してきたことが確認される。

次に、児童の「主体性」を育成する教育方法を開発するために展開されてきた裴の2つの実験的研究について考察してみよう。この2つの実験において、児童を学習活動の中心と位置づけ、学習活動における彼らの主体的な参加を促すことを重視している点が評価される。特に、「基礎教育現代化発展の理論・実験研究」において、教育実践における児童の主体的な参加とともに、他者との交流にも重点をおいた分析が行われたことは、前の実験的研究より一歩前進したものと評価できよう。

一方で、「主体性発達実験」・「基礎教育現代化発展の理論・実験研究」ともに、指導方法・内容や評価基準・方法などを明確に示していないといった課題が確認された。これらの課題により、裴の実験的研究の成果を考える時、疑問の余地が残るところとなった。また、2つの実験的研究において、教材や学習形態における児童の自立した選択や自立的な探究に対する検討が欠けていること、評価を行う際に、評価の主体は教師に限定されており、観察することが容易な児童の主体的な行為のみに依拠して絶対評価が行われていた一方、顕在化しない児童の主体的な意識に対する検討をはじめ、「主体性」の発揮における意識と行為の関連性や、形成的評価に対する検討が欠けているといった課題も共通して確認された。特に、教材・学習形態が教師に決められ、児童の「主体性」が教師に評価されるものと捉えられていることから、有効な「主体性」育成の方法の開発を目指す裴の2つの実験的研究においては、児童の「主体性」の育成における教師の主導がより強調されており、児童の「主体性」は教師の指導・規範といった外的影響によって育成されるものと裴に捉えられていることが明らかとなった。

児童の「主体性」の育成をめぐる裴の実験的研究に見られるこれらの課題は、裴の「主体性」に対する捉えかたと関連している。特に、「主体性」の

第2章 「主体性」育成に関する実験の展開　75

育成における児童の「自己形成」に対する検討が欠けていることは、裴の理論的研究の限界に由来するものと言えよう。なお、2005年以降も、中国で展開されている「主体性」育成に関する実験的研究において、学習過程における一人ひとりの児童の主体的な参加とともに、他者との交流と連携に重点をおくという方向性が堅持されている[29]。2001年に行われた「素質教育」を目指す基礎教育課程改革を機に、「主体性」の重視が一層謳われている中国において、裴の研究に見られた課題がその後どのように解決されるかについて、引き続き注目していくべきであろう。

注

1　1980年代初頭に中国の教育研究分野で広がっていたスローガンである。その起源は文革終結後、中国で掲げられた文革期間中に犯した過ちに対する反省と批判を促す「実践は真理を検証する唯一の指標」というスローガンであると考えられる。

2　王敏勤編『国内著名教改実験評介』青島海洋大学出版社、1993年。
　　張武昇主編『中小学創造教育与教学実験探索』天津大学出版社、1993年。

3　張天宝『主体性教育』教育科学出版社、1999年、pp.117-129。

4　『主体教育与我国基礎教育現代化発展的理論与実験研究』課題組編『主体教育与我国基礎教育現代化発展的理論与実践研究（第1集）』北京師範大学教育科学研究所、2002年、pp.229-230。及び裴娣娜に対するインタビュー、北京、2008年6月19日。

5　本実験研究は北京市教育科学「八五」計画重点研究課題の一つとして開始された。北京市教育科学「八五」計画は当時中国国家教育委員会（現在の教育部）の「八五（第8次五カ年）」計画の下位プロジェクトに位置付けられるものである。

6　『主体教育与我国基礎教育現代化発展的理論与実験研究』課題組編『主体教育与我国基礎教育現代化発展的理論与実践研究課題研究工作報告』北京師範大学教育科学研究所、2005年、pp.29-32。

7　孫迎光「走出教育界主体熱的迷宮」『社会科学』1998（8）、1998年、pp.35-38。

8　呉航「我国主体性教育理論研究的現状及反思」『華中師範大学学報（人文社科版）』2000（6）、2000年、pp.136-142。

9　裴娣娜「小学生主体性発展実験与指標体系的建立測評研究」『教育研究』1994（12）、1994年、p.53。

10　同上。

11　同上論文、p.54。

12　「学習適応性」はさらに「モチベーション」、「競争意識」、「興味と探究意欲」などの項目に分けられている。

13　裴娣娜、前掲論文、1994年、p.54。

14　同上。

15　裴娣娜主編『現代教学論（第三巻）』人民教育出版社、2005年、pp.8-9。なお、

詳細は巻末添付資料を参照。
16　裴娣娜、前掲論文、1994年、pp.54-55。
17　同上論文、p.57。
18　同上論文、pp.55-57。
19　同上論文、p.55。及び裴娣娜に対するインタビュー、北京、2008年6月19日。
20　中国で言う絶対評価とは、教授・学習目標に依拠して評価基準を作り、それに基づき評価を行うことを指しており、日本でいう目標準拠評価である。しかし、本章で扱っている実験的研究からわかるように、評価の基準や方法が非常に不明瞭であるうえ、評価を下す教師の主観も排除できない。そのため、本章で言う絶対評価は日本でいう目標準拠評価とも異なるものといえよう。
21　裴娣娜、前掲論文、1994年、p.56。
22　『主体教育与我国基礎教育現代化発展的理論与実験研究（第1集）』課題組編、前掲書、2002年、p.230。
23　裴娣娜「合作学習的教学策略」『主体教育与我国基礎教育現代化発展的理論与実験研究（第1集）』課題組編、前掲書、2002年、pp.219-223。裴娣娜「小組合作学習的理論与実験研究及其対課堂教学組織形式改革的啓示研究工作報告」同書、pp.224-230。
24　裴娣娜「主体参与的教学策略」『主体教育与我国基礎教育現代化発展的理論与実験研究』課題組編、同上書、pp.209-213。
25　裴娣娜主編、前掲書、2005年、p.19。
26　同上書、p.32。及び裴娣娜に対するインタビュー、北京、2008年6月19日。
27　裴娣娜に対するインタビュー、北京、2008年6月19日。
28　同上。
29　同上。

第3章
教育政策における「主体性」
―― 育成すべき人間像と育成方法の変遷に焦点をあてて

はじめに

　第1章及び第2章で明らかにしたように、中国の教育研究分野においては、1989年以降、「主体性」育成の目的や、その育成方法についての理論が練り直され続けてきた。まず、「主体性」を育成する目的について見てみると、個人の発達を重視する方向から、いったん人間の集団としての営みに重点をおく「社会」の発展を重視する方向への転換が見られたが、経済の発展に伴い、1995年以降「主体性」を育成する目的において、「社会」の構成員である個人の発達が再び注目を集めることとなった。「主体性」を育成する目的に対する見方の転換に伴い、「主体性」育成の方法においても、学習者の独立した経験を重視する方向から、一時期は教師の指導を強調する方向への転換が見られたが、その後再び学習者個人の経験が重視されるようになった。特に1997年に「主体性」育成に関する研究において構成主義の視点が取り入れられて以降、教師の指導が学習者の「主体性」を発達させるうえで必要な条件とされているものの、教師の役割は学習者の「主体性」を望ましい方向へ発達させることを可能にする教育実践環境の整備に限定されるものであるという認識が定着してきた。
　一方、教育政策においては、中華人民共和国が成立して以降長い間にわたって、一斉授業（課堂教学）を行うことで教育の効率性を求める系統的学習が重視されていた。そのような系統的学習において、学校教育での主たる活動である授業の価値は基礎知識と基本技能の伝達におかれた。また、教師は教授活動の主体とされ、教師の講義や教材が重視される一方、学習者はた

だ教師の講義を受動的に受け入れる立場におかれていた[1]。このような教師中心主義の系統的学習を重視する局面に対する見直しを行ったのが、1985年に中国共産党中央によって公布された「教育体制の改革に関する決定」である。無産階級政治に奉仕する従来の教育方針が見直され、民族の素質の向上が教育の目指すべきものとされるこの「決定」においては、系統的学習で重視されてきた基礎知識・基本技能の習得だけでなく、学習者の創造的精神や実践能力といった科学文化的素養の育成も教育目標に加えられた。また、その育成をめぐっては、教育活動における学習者の自主的で独立した思考が大いに注目されていた[2]。以来20数年間に出された教育政策においては、一貫して創造的精神と実践能力が育成すべき人間像が備えるべき資質とされ続けており、その育成においては学習者の自主的で独立した学習活動が推奨されてきた。とりわけ2001年に行われた基礎教育課程改革において、児童生徒が学習と発達の主体とされ、学習過程における彼らの興味・関心、思考、想像、探究的な学習とともに、他者と交流し、協調することが重視されることとなった。その一方で、教師の役割が児童生徒の自主的な学習を促す補助的な役割に限定されている[3]。こうした特徴を持つ2001年の基礎教育課程改革について、学習者の「主体性」を尊重する教育理念が盛り込まれているとして教育研究分野で高く評価されている。

　教育政策における育成すべき人間像及びその育成方法に見られるこれらの転換の背景には、社会開放の度合いが高まったことに伴って、外国の教育思想が中国で検討されたことによる影響があった。他方、経済建設の進展によって、人材の持つべき能力に対する新たな要求が次々と出されたことは、転換がもたらされた根本的な理由だと考えられる。特に、これらの転換はくしくも「主体性」育成をめぐる教育研究分野で重ねられてきた議論と同じ方向を示している。それに加えて、序章でも述べたように、「主体性」育成研究の成果の一部が2001年基礎教育課程改革にも取り入れられているとの指摘もある。そのため、教育政策転換の背景に、「主体性」育成に関する研究がどのように関わっていたのかを究明したいところである。

　本章は、第1章及び第2章での検討を踏まえつつ、文革が終結した1970年

代末までさかのぼり、2010年までの中国の教育政策文書を中心に、基礎教育段階、特に初等教育段階における育成すべき人間像及びその育成方法の歴史的変遷を分析する。それにより、教育政策において、「主体性」という言葉があったかどうか、仮に「主体性」という言葉が用いられていなかった場合、それに関連した理念や主張があったかどうかを明らかにする。それとともに、2001年基礎教育課程改革を経た現在、中国の教育政策において、「主体性」がどのように捉えられているのかを究明し、「主体性」育成研究と教育政策の策定との関係を明らかにする。

文革終結後から2010年に至るまでの教育政策の変遷は、大きく三期に分けられる。第1期は、文革の終結が宣言された1977年8月に開かれた中国共産党第11回党大会を起点に、教育の回復と再建が図られた「回復再建」期（1977年-1984年）である。第2期は、1985年に「教育体制の改革に関する決定」が公布されたことを契機として、社会主義現代化建設を進めるために民族の素質の向上が重視されるようになった「迅速発展」期（1985年-1996年）である。第3期は、1997年の「当面積極的に中学・小学における素質教育を実施することに関する意見」の公布によって、国際化・情報化社会に対応する生涯学習思想に基づく未来志向の教育改革をスタートさせた「改革創新」期（1997年-現在）である。以下、それぞれについて詳細を検討する。

第1節　「回復再建」期の教育政策——1977年から1984年まで
国家政治影響下における価値志向

中華人民共和国では、1966年5月に「封建的文化、資本主義文化を批判し、新しく社会主義文化を創生しよう」[4]というスローガンのもとで文革が始まった。文革は政治・社会・思想・文化の全般にわたる改革運動という名目であったが、国内の主要な文化の破壊と経済活動の長期停滞をもたらす国家的大惨劇となった。1977年8月には、中国共産党第11回党大会が開かれ、文革の終結が宣言された。同じ時期、鄧小平の主導で全国科学教育工作会議が開催された。教育の回復と再建が目指されたこの会議において、国の発展

における教育の位置づけが再検討され、とりわけ初等・中等教育段階におけるカリキュラムと教材の整備や編纂について具体的な検討が行われた[5]。

　その後、初等・中等教育段階における学校の再建をめぐって最初に制定されたのは、1978年1月に教育部に告示された「全日制十年制中学・小学教学計画試行草案」であった。この「試行草案」においては、「教育は無産階級政治のために奉仕」するという教育方針が強調され、教育目標は児童生徒を「社会主義の覚悟を持ち、文化のある労働者に育成する」こととされた。また、「児童生徒は革命のために勉強」することや、彼らを「階級闘争、生産労働、科学実験の三大革命の需要に適応させ、国のために合格（国の期待に応えられる）した労働予備軍」に育成することが教育の任務と記された[6]。これらの記述から、教育は国家政治に従属し、無産階級政治に奉仕するものと捉えられており、特に、教育の階級性が強調されていることがわかる。

　「試行草案」において、教育内容は「主学」と「兼学」に二分して提示されている。「主学」とは学校教育で行われる各教科目の学習であり、「主学」を行うにあたり、知識の伝授を中心とする「文化課」の教授が強調されていた。一方「兼学」とは「学工、学農、学軍」のことであり、工業、農業、軍事について学ぶことで「資産階級を一層強く批判」することが目指されていた[7]。また「すべての教材や教育活動において、マルクス・レーニン主義や毛沢東思想を貫かなければならない」[8]ことが求められ、基礎知識・基本技能の習得とともに、政治思想教育が重視されていた。

　教育は無産階級政治に奉仕するものであり、教育目標は「社会主義の覚悟を持ち、文化のある労働者」の育成であるとする考えかたは、法律条文としても同年3月に公布された「中華人民共和国憲法」に記されている[9]。また、新学期の始まりとともに、9月に教育部から公布された「全日制小学暫定実施工作条例（試行草案）（以下、1978年「条例」とする）」にもこの考えかたが貫かれた。

　1978年「条例」における教育目標は、児童に「偉大な指導者である毛主席の意志を受け継がせ」、「『五愛』（祖国を愛し、人民を愛し、労働を愛し、科学を愛し、公共財産を愛する）品質を養わせ、彼らが社会主義や共産党を擁護す

るよう育成する」[10]こととされた。強い政治的色彩を伴う上記の表現から、教育の役割はひたすら国に奉仕することにあると捉えられていることがわかる。1978年「条例」では、「児童に初歩的な読み書き算の能力を持たせる」ために、初等教育段階では「一斉授業（課堂教学）が教育の営みにおける主な形態」[11]として規定されていた[12]。また授業を行うにあたっては、教師の「主導的な役割」の発揮に関する提言が行われていたものの、「中華人民共和国教育部の規定した教学計画、教学大綱及び教科書に従わなければならない」と示されていた[13]。つまり実質的に教師には、授業を行う際には国によって決められた教育内容をただ忠実に児童に伝達する役割が与えられていたのである。

　以上に述べてきたように、文革終結直後に出された上記の2つの教育政策文書は、教育の回復と再建を図ることを主旨としてはいるものの、基礎知識・基本技能の習得が重視され、教育にはひたすら国の政治に奉仕する役割が求められていることが明らかとなった。また、そのために、「又紅又専（社会主義に忠誠し、専門的な知識を持つ：筆者）」の人材の育成が目指されたのである。

　この時期に政治思想教育を重視していたことは、特に、1979年に公布された「全国中学・小学における政治思想教育工作座談会紀要（以下、「座談会紀要」とする）」からうかがえる。この「座談会紀要」においては、児童生徒を「社会主義祖国を愛し、無産階級の革命事業に忠誠を尽くす」ように育成することが、初等・中等教育段階における政治思想教育の目標とされた。また、この教育目標を達成するために設けられた「政治課」は、教師が「児童生徒にマルクス・レーニン主義、毛沢東思想の基本観点を注入し、共産主義思想道徳教育を行う重要な陣地（傍点筆者）」とされており、「注入式」教授法の有効性が訴えられていた。さらに、「『中学生・小学生守則』を制定し、それを歌にすること、児童生徒に暗誦させること、体操の時間、集合の時間、クラス会の時に歌わせる」ことも定められている[14]。「政治課」の教授・学習活動においては、児童生徒に伝達する道徳的価値の定着を図るために、児童生徒による暗誦が求められた。以上のことから、「座談会紀要」において、

児童生徒は教授・学習過程における受身的な存在として想定されていることがわかる。

「座談会紀要」公布以降も「中学政治課の改善と強化に関する意見」[15]、「小学における思想品徳課の開設に関する通知」[16]、「愛国主義宣伝教育の強化に関する意見」[17]が次々に公布され、「又紅又専」の人材の育成が政治課においても目指された。政治課を行う主な手段としては「一斉授業」が採用され、授業における「教師による分析と説明（講授）」が強調されていた[18]。

文革終結後の1970年代末には、政治思想教育が重視されたことについて、「文革後、国家の統一と安定を維持するために重要且つ必要であった」[19]と指摘されている。その背景には、文革によって疑問視されつつあった共産党政権が、失いつつあった国民の信頼を取り戻すために政治思想教育を強化していたことが考えられる。このことは1981年6月27日に中国共産党第11期六中全会で出された「建国以来の党の歴史問題に関する決議」において、「文革は中国共産党の偉大なるリーダーの毛沢東が誤って発動し、反革命グループに利用され、党、国家と各民族の人々に深刻な災難をもたらした内乱」[20]と述べられたことからもうかがえる。他方、基礎知識・基本技能の習得が重視されていたことについては、1976年に文革に終止符が打たれた後では、確実且つ急速に国の再建に必要な人材を育成するために、科学的な基礎知識・基本技能を学習させることが必要とされる歴史的背景があったと考えられる。

一方、1980年代に入ると、教育政策において新しい動向が見られるようになった。まず、1980年1月10日に鄧小平が行った『四つの現代化の実現の必須四前提』の講話を契機に、教育政策において、従来の「教育は無産階級に奉仕する」という表現に替わって、「教育は経済建設のために奉仕する」という文言が登場したことである。つまり、無産階級政治に奉仕するものとして教育を捉える方向から、経済建設に奉仕するものとして教育を捉える方向への転換が図られたのである。次に「又紅又専」の人材を育成するという目的を堅持しつつも、教育活動において、児童生徒の年齢的特徴に配慮し、彼らの自主的な学習を重視する提言が見られるようになった。たとえば

1981年の「全日制五年制小学教学計画の改訂に関する説明」においては、児童を「社会主義の覚悟を持ち、文化のある労働者に育成する」ことを目指して、教師の指導において「児童の年齢的特徴に注意」し、彼らが「自主的に、活発な学習ができるように配慮する」よう指示がなされた[21]。また、1984年の「全日制六年制小学教学計画の調整に関する意見」においても、児童の「知力を発達させるだけではなく」、彼らの「生き生きとした活発な発達を促進」するよう提言が行われた[22]。

　教育に対するこのような捉えかたの転換を促した直接の原因は、1978年12月に開かれた中国共産党第11期三中全会において、中国共産党のすべての活動の重点を階級闘争から経済建設に移行する決定が行われたことであった。他方、1980年代に教育政策において児童の自主的な学習を重視する提言が行われた背景には、まず、人間の主体性を無視し、人間を階級闘争を行う道具に育てたことなど文革中に犯した過ちを全面的に是正する中国共産党中央の方針にしたがい、諸分野での活動の根拠を政治思想に求めたことに対する反省があった[23]。それに加えて、改革開放政策の導入で、思想と言論の自由度の高い社会環境が形成され[24]、諸外国の教育改革の理論と実践が中国に紹介されたことによって、中国の教育理論界では中国の教育事情について再考がなされたこととも関連すると考えられる。その１つの例として、第１章でも述べたように、1981年から行われていた教授・学習過程における教師と学習者の主体・客体関係に関する論争が挙げられる[25]。

　1980年代初頭の教育政策における児童の自主的な学習を重視する提言は、後に「主体性」育成研究の理論形成に寄与することになったと考えられる。しかし、「主体性」概念が教育研究分野で提起されていないこの時期、これらの提言は「主体性」育成に関する研究成果が教育政策に反映されて生まれたのではなく、文革終結直後に、文革時期に対する反省及び国民経済を立て直すために必要な人材の育成を目指す中国共産党中央の方針を具現化したものであった。また、教育政策における児童の自主的な学習を重視するこれらの提言は、提言のままにとどまっており、その具体策が検討されていなかった。そのため、一斉授業において教師が知識を伝達する形態が、相変わらず

教育活動の主流であった[26]。

　以上述べてきたように、文革終結後の1977年から1984年までの間、中国では改革開放政策の導入が始まり、経済体制では計画経済から商品経済への転換が図られた。経済体制の転換に伴い政治体制の改革も進められ、やがて教育のありかたや教育の役割についても再検討されることとなった。このような背景で出された教育政策における最も大きな特徴は、国が国家政治の教育への影響を軽減し続けてきたことである。すなわち、この時期、無産階級政治のために奉仕するものとして教育を捉える方向から、経済建設に奉仕するものとして教育を捉える方向への転換が図られた。しかし、「又紅又専」という言葉に象徴されるように、国のために奉仕し、専門的な科学技術の知識を持つ個人を育成すべき人間像と捉える方針は、教育政策において一貫して維持されていた。他方、文革終結後、中国共産党中央の主導のもとで、諸分野における文革に対する反省に加え、経済発展を促すために改革開放政策が導入された。これをきっかけに、諸外国の教育改革の理論と実践が中国に紹介され、中国の教育理論界では中国の教育事情について再考がなされた。こうした背景のもとで、1980年代初頭の教育政策において、児童が「自主的に、活発な学習ができるように配慮する」といった児童の自主的な学習を重視する提言が見られるようになった。

　ただし、「主体性」という概念が教育研究分野で提起されていないこの時期、教育研究分野での研究活動は教育政策の策定に直接的な影響を与えるどころか、教育研究分野での研究活動が教育政策に牽引されていた。つまり、教育政策を策定する主体は国であった。このことは、この時期の育成すべき人間像や教育内容及びその育成方法からもうかがえる。すなわち、「又紅又専」の人材を育成するために、教育内容においては、「五愛」が初等・中等教育段階での教育目標の重要な核心とされ、「五愛」教育の第一位に愛国主義が位置づけられた。また、一斉授業が教育の主な形とされ、知識伝授のために教師の講義が重視されていたのである。

第2節　「迅速発展」期の教育政策──1985年から1996年まで
経済建設を中心とする論調

　1984年に中国共産党中央は「経済体制の改革に関する決定」を公布し、経済体制を改革することを宣言した。この「決定」においては、人材こそ経済発展を実現させる要であることが認識され、経済建設を促すために「現代化の経済・技術知識を有し、革新的精神を持ち、積極的に創造を行う」[27]人材の育成に対する呼びかけを行った。その直後に、鄧小平の「科学技術は第一の生産力である」という思想を反映する形で、中国共産党中央によって「科学技術体制の改革に関する決定」が打ち出された。改革開放や経済発展の進展に伴い、既存の教育体制が社会発展に適応できなくなった現実を受け、経済体制と科学技術体制の改革に続き、1985年5月に中国共産党中央は、「教育体制の改革に関する決定（以下、1985年「決定」と略す）」を公布し、従来の政治主導のもとでの中央集権的な教育体制に対する改革に踏み切った。

　1985年「決定」において、「教育は我が国の経済と社会発展のために様々な人材を育成しなければならない」と述べられ、教育体制改革の根本的な目的は、「民族の素質を高め、多くの人材を育成し、良い人材を育成する」ことにあると宣言された[28]。教育は無産階級政治のために奉仕するという従来の認識が改められ、経済と社会発展を導く人材の育成こそ、教育体制改革の出発点且つ立脚点と認識されるようになった。また、「良い人材」が備えるべき資質は、「理想があり、道徳があり、文化があり、規律を守る（後述する「四有」）」こと、「社会主義祖国や社会主義事業を愛し、国の繁栄や人民のために刻苦奮闘し、献身的精神を持ち、新しい知識や真理を追い求め、独立して思考を行い、進んで創造活動を行う科学的精神を有する」こととされている[29]。社会主義を擁護するという政治的信念や国のために奉仕する精神など、従来の教育政策にも必ず提示されていた要求のほかに、「四有」の思想道徳素質、新しい知識や真理を追い求める能力、独立した思考力といった実践能力や創造的精神を包括した科学文化的素養も、新たに教育目標に加えられた（傍点筆者）。特に、創造的精神や実践能力の育成に主眼がおかれた科学

文化的素養が提起されたことから、個人の発達を促す教育の役割に対する認識がうかがわれる。このことは、政治思想教育が強調され、基礎知識・基本技能の習得のみが重要視されてきたこれまでの教育政策と異なるところとして注目に値する。その背景には、教育の本質論に関して従来のマルクス主義、毛沢東思想を基盤とする弁証法的唯物論を批判する「教育の生産力」説や「人材論」の登場があったという[30]。

　1985年「決定」の公布を契機に、「四有」の思想道徳素質とともに、科学文化的素養が国民の持つべき「素質」の中身と認識され、このような「素質」を持つ国民の育成が教育目標とされるようになった。この教育目標はさらに法律条文として1986年「義務教育法」にも明記されるとともに、この時期に基礎教育段階で行われていた教材と教授方法の改革の指針にもなった。

　1987年10月10日に公布された教育部の「中学・小学教材審査標準」においては、教材となるものについて、思想性とともに、科学性が求められた。まず、思想性については、「愛国主義、国際主義、共産主義の理想啓蒙教育、良好な道徳養成教育」などに関する内容を収録するよう指示がなされた。また、「児童生徒の分析力と問題解決力」を養い、「彼らの思考力を育成する」ために、「児童生徒の熟知している環境や事物に立脚」した、「啓発性があり、面白みのある」教育内容でなければならないことも示されている[31]。これまでは児童生徒の実状を考慮せず、基礎知識・基本技能とともに政治思想教育を第一義としてきたため、教育内容には成人化、政治化の傾向が見られた。また、政治主導の教育観のもとでは実践活動とは階級闘争、生産労働、科学実験の三大革命とされており、児童生徒の日常生活と無縁なものであったが、「中学・小学教材審査標準」においては児童生徒の実践能力の育成が目指され、教育内容を選定する際にも児童生徒の興味・関心や彼らの日常生活での実践活動が重視されるようになった。

　他方、教授活動における教師の役割については「児童に良好な思想道徳を育成させ」、彼らに「集団意識」を培うことなど従来の教育方針が貫かれていながらも[32]、児童生徒の学びに注目した教授方法の改革も進められていた。たとえば、1988年8月10日に公布された「小学班主任工作暫定規定（試

行草案)」において、「児童の学習に対する興味」や、「学習における児童の自主性、積極性を引き出す」[33] こと、「児童の人格と自尊心を尊重」し、「彼らの心理的特徴や思想の実状及び個性に見られる差異に基づき」[34] 指導を行うことといった提言が行われた。また、1988年9月20日付きの「義務教育全日制初級中学・小学に関する教学計画(試行草案)」においても、「児童生徒の学習に対する興味や彼らの観察、独立した思考、実際操作などの能力を育成する」こと、彼らに「進んで新しい知識を探究する精神を培い」、「児童生徒の心身の発達の規律にしたがって」指導を行うことに関する提言が行われた[35]。さらに、同年12月25日付きの「中共中央の中学・小学における徳育工作の改革と強化に関する通知」において、児童生徒の「学習に対する積極性、自主性と創造性を引き出す」ことや、児童生徒に「自己管理することを提唱し、彼らに自主的精神と独立した思考能力や自己教育能力を培う」ことといった提言も行われた[36]。

教育の目指す目標としては、1990年代にも思想道徳素質と科学文化的素養が高めるべき国民「素質」の中身とされていた。1992年初頭、鄧小平は深圳、珠海、上海各地を視察した後、国民にさらなる思想の解放を求める「南巡講話」を発表し、文革後の「第二次の思想解放」を引き起こした。同年10月に、中国共産党第14回党大会が北京で開催された。大会では、社会主義市場経済体制を確立することや、教育を優先的発展の地位におくことが決められ、「全民族の思想道徳水準と科学文化的素養の向上に努める」[37] ことが宣言された。この宣言は1993年2月13日に中国共産党中央及び政府国務院から通達された、90年代における中国教育全般の行方を指し示す「中国教育改革発展要綱(以下、1993年「要綱」と略す)」にも貫かれている。なお、「要綱」の編纂は1988年までさかのぼる。1988年6月に、「要綱」の作成を行うために国務院は教育工作検討チームの設立を決定した。以降4年もの間に、「要綱」の作成において政府の関連担当者や教育専門家が携わっただけではなく、社会諸分野及び海外の学者や教育専門家の意見も大いに求められ、幾度もの修正が行われた。従来の政府の関連部門、担当者と特定の教育専門家のみで教育政策の策定に携わることと異なり、社会諸分野の意見を幅広く

反映していることが「要綱」の最大の特徴である。

　1993年「要綱」においては、「教育を必ず優先的に発展させる戦略的地位におかなければならない」ことが冒頭に述べられ、教育改革は「労働者の素質を高め、多くの人材を育成し、社会主義市場経済体制と政治体制に適合し、科学技術体制改革に必要な教育体制を確立し、社会主義現代化の建設[38]に奉仕する」重要な国家改革であると主張した[39]。また、90年代の教育体制改革について、社会主義の方向性を堅持することを強調し、そのために、「四有」の人材の育成を行う政治思想道徳教育が重要な役割を担っていると力説した。さらに、それまでの初等・中等教育段階で行われてきたような、児童生徒の実態を無視し、試験に合格させるために知識を注入する「応試教育」を反省し、国民の素質を高めるために、既存の教育思想、教育内容及び教授方法の改革に関する提言も行われた。そこで、基礎知識・基本技能の訓練と育成を強化するとともに、児童生徒の思想道徳素質と科学文化的素養の育成を図るために、とりわけ彼らの「問題分析力・解決力の育成を重視する」[40]という方向が示された[41]。以上の記述から、1993年「要綱」は1985年「決定」に打ち出された教育方針を継承し、それをさらに発展させたものであることがうかがえる。

　1993年「要綱」の公布をきっかけに、児童生徒の思考力、問題分析力・解決力など彼らの創造的精神や実践能力といった科学文化的素養の育成をめぐって、中国ではカリキュラムや教授方法の改革が一層活発に行われた。まず、カリキュラムの改革において、基礎知識・基本技能の育成を目指す各教科教育のほかに、児童生徒の参加を促す活動課程も設けられた[42]。また、教授方法の面では、児童生徒は学習過程の主体として認識され、「充分に児童生徒の主体的な役割を発揮させる」こと、児童生徒の「学習に対する興味を引き起こす」ことや、「児童生徒の個人差に応じて指導」を行うことが重視されていた[43]。一方で、この時期、「五愛」は引き続き教育内容の中核として位置づけられていた。

　「四有」の思想道徳素質や科学文化的素養を備えた個人の育成を重視するという方針は、教育政策だけではなく経済政策にも反映され、国家指導者の

発言にもたびたび登場するようになり、国を挙げて取り組むべき教育の目標となっていた。1993年11月に公布された中国共産党中央の「社会主義市場経済体制の確立に関する決定」においては、「社会主義市場経済体制の確立及び現代化の実現は最終的に国民素質の向上と人材の育成によって決められる」[44]と述べられ、数多くの熟練労働者や、様々な専門的人材、学術・技術の側面におけるハイレベルな人材の育成とともに、社会秩序の安定を維持するために「四有」の思想道徳素質を持つ人材の育成の重要性も強調されていた[45]。また1994年6月に江沢民の全国教育工作会議での講話においても、科学文化的素養を持つ国民の育成の必要性や総合的国力の向上における教育の重要性とともに、「『四有』の思想道徳素質を持つ『社会主義新人』を育成することによってこそ、国家の長期の安定が実現できる」[46]と述べられ、青少年を対象に思想道徳教育を行うことの重要性が強調されていたのである。

このように、経済体制の転換に伴い、教育は社会主義現代化建設に奉仕する存在と捉えられるようになった。この時期に構想された育成すべき人間像は、「徳才兼備」と概括できる。すなわち、「四有」の思想道徳素質とともに、思考力、問題分析・解決力、創造的精神といった科学文化的素養を持つ社会主義現代化の建設者と後継者の育成が目指された。その育成において、「五愛」は教育内容の核心的存在であり、愛国主義は「五愛」教育の第一位とされ続けた。また、カリキュラムや教材を編成する際に、児童生徒の心理的特徴や彼らの日常生活とともに、彼らの学習に対する興味や意欲が重視されるようになった[47]。

「五愛」教育や「四有」思想道徳素質を育成することが重視された背景には、経済建設中心論のもとで表れてきた拝金主義や極端な利己主義など、社会的秩序の混乱を引き起こす不安定要素を取り除き、社会主義現代化建設をスムーズに進められる環境を整えたいという社会的要請があったことが考えられる。一方、学習過程における児童生徒の自主的な学習が重視された背景については、応試教育や「IQは高いのに能力が低い」という社会問題に対する反省や、1992年に中国政府が子どもの権利条約を批准したことをきっかけに、中国国内のあらゆる情況にある子どもの発達の権利を大切にする社

会の気風が形成されたことなど、様々な理由が挙げられる[48]。しかし何よりも、経済振興政策として打ち出された改革開放政策につづき、1984年に中国共産党中央の「経済体制の改革に関する決定」が公布されたことを契機に、経済体制の転換を図ろうとする中国社会において、経済発展に伴い労働人口への質の要求がますます高まるなか、文革期に適切な教育を与えられないまま増加してしまった「文盲(知識を持たない人)」と呼ばれる巨大な人口負担に対する反省、そして創造的精神と実践能力を持つ優れた人的資源を育成しようという国家からの強い要請が大きな理由であった[49]。これについては、先述したように、1984年の「経済体制の改革に関する決定」に呼応する形で、1985年に中国共産党中央によって公布された、20世紀末における中国教育改革の方向を指し示す「教育体制の改革に関する決定」からうかがえる。

　他方、この時期における「主体性」育成研究を含む教育研究分野での研究活動と教育政策の策定との関係を探ると、教育と人間の関係や、学習者の「主体性」育成に関する議論など教育研究分野での動きは1985年「決定」の公布よりも後の出来事である。また、これらの議論は素質の高い人材の育成をめぐるものであるため、1985年「決定」で示されている育成すべき新しい人材像の育成方法を探るもののようにも見てとれる。そして、「主体性」育成研究がスタートした1989年当初、研究者たちの理論的研究において、学習に対する学習者の興味や、彼らの独立した思考力・実際操作能力・自己管理能力・自己教育能力の育成、さらに学習過程における学習者の自主性、能動性、創造性を重視する主張が見られた。しかしこれらの主張と類似した提言は、早くも1985年「決定」に示された教育方針に基づき、1980年代の半ば以降に行われた教材と教授方法の改革を促す関連教育政策において行われていたことが確認された。さらに、1985年「決定」の公布を促したのは1984年に公布された「経済体制の改革に関する決定」であることを忘れてはならない。

　そのほかにも、第1章で述べたように、「天安門事件」以降、教育研究分野は政府による「資産階級自由化」に対する厳しい取り締まりを受けた。そ

の影響で、「主体性」育成に関する研究者たちの議論においては個人の発達を重視した方向から、ひたすら人間の集団としての営みを強調する「社会」の発展を重視する方向へ転換されたことが確認された。一方、1995年から「主体性」育成研究において、再び学習者の個人の発達と個人の経験を重視する方向が確立された。その背景には、1992年10月に中国共産党第14回党大会において社会主義市場経済体制の確立という方向性が確定されたこと、及びその後に市場経済体制の確立を目指して、中国政府が様々な取り組みを行ったことと深く関わっていた。つまり、1985年から1996年までの間も、「主体性」育成研究を含む教育研究分野での研究活動がむしろ教育政策に導かれ、影響されていた。

1989年に「主体性」という概念が教育研究分野で提起され、「主体性」育成に関する研究が発足された。にもかかわらず1996年まで、「主体性」という言葉は教育政策においては確認されなかった。また、1993年「要綱」の公布後も、初等・中等教育段階において「五愛」は教育内容の核心的存在であり、愛国主義は「五愛」教育の第一位とされ続けていた。つまり、この時期も教育政策の策定において、国家意志が絶対的な立場にあった。

第3節 「改革創新」期の教育政策──1997年から2010年まで 「人間本位」の思想

韋鈺（WEI YU、中国科学協会副主席、元教育部副部長）が「21世紀における総合的国力の競争は人材の競争である」[50]と述べていたことは、1997年以降も、国際競争において人材が戦略的に重要な位置を占めていることを端的に示している。しかし、この時期に目指される人材の構想は、次に述べるように、それ以前の育成すべき人間像とは異なるものへと変化してきた。

「素質教育」の全国での実施を促すために、1997年に国家教育委員会（当時）は「当面積極的に中学・小学における素質教育を実施することに関する意見（以下、1997年「意見」と略す）」を公布し、「素質教育」を全面的に実施する幕を開いた。1997年「意見」において、「応試教育」は「丸暗記や機械

的な反復訓練」を主たる方法とし、児童生徒の「自発的な学習を妨げる」ものと批判された。すべての児童生徒に「自主的な学習を促」し、彼らの「学習の自主性、積極性と創造性」を引き出すために「素質教育」の実施が求められた[51]。「素質教育」の目的は、「学会做人，学会求知，学会労働，学会生活，学会健体，学会審美」[52]とされている。すなわち、児童生徒が他者と協調し、知識を求めること、労働や生活習慣を正しくし、健康を保つこと、審美の意識を養うことが目指された。またその際に必要な技能や方法の習得だけではなく、児童生徒の生涯にわたる発達を視野に入れて、彼らが自ら積極的に実践に励む態度と意欲の育成が重要課題とされるようになった。

このことは21世紀の教育改革発展の綱領とされ、1999年6月に中国共産党中央、国務院によって公布された「教育改革の深化と素質教育の全面的な推進に関する決定（以下、1999年「決定」と略す）」にも貫かれている。1999年「決定」では、児童生徒の創造的精神を養い、彼らに自立して知識を獲得する能力を育成するために、とりわけ教授方法の改善が重視され、「啓発式、討論式（児童生徒間の対話や討論を中心とする）教授方法」の実施が求められた。これらの教授方法については、「児童生徒の独立した思考力や創造意欲を引き出し」、彼らに「知識の発生、発展の過程を感じさせ、理解させ」、「科学的精神と創造的思惟の習慣を育成させ、情報収集・処理能力や新しい知識を獲得する能力、問題を分析し解決する能力」を育成することに対して有効であると述べられている[53]。結果としての知識や技能だけではなく、児童生徒が自ら知識や技能の形成のプロセスを体験することや、学習に対する彼らの意欲の形成も重視されていることがわかる。

一方で、1999年「決定」において、「児童生徒を徳、知、体、美の全面的発達を遂げた社会主義事業の建設者と後継者に育成」することが「素質教育」の最終目的とされ、そのために「愛国主義、集団主義、社会主義を愛する感情の育成」を目指す徳育の有効性も訴えられた[54]。つまり、「素質教育」においても、「愛国主義、集団主義、社会主義」といった社会主義の価値を意識させる思想教育は教育目標の中核とされているのである。

21世紀の到来を迎え、中国ではさらに国際化・情報化社会に対応するた

めに、生涯学習思想に基づく未来志向の教育課程改革が2001年7月に行われた。これに先だち、2001年6月に教育部は「基礎教育課程改革綱要（試行）（以下、2001年「綱要」と略す）」を公布し、新しい課程の教育目標及びそれを実現させるための教育改革の具体的目標を提示した。

まず、新しい課程の教育目標については、児童生徒に「愛国主義、集団主義、社会主義、人民のために奉仕する精神」を養うこと、「基礎知識・基本技能」を身につけさせること、創造的精神と実践能力の育成といった科学文化的素養を育ませることなど、従来の教育政策においても重視されていた内容が提示されている。加えて、児童生徒に「社会責任感」、「人文素質及び環境意識」を持たせること、「健康な体格と良好な心理的素質や、健全な審美情趣と生活スタイルを養う」ことなど、彼らの生涯にわたる発達を念頭においた提言もされている[55]。

以上の目標を実現するために、①知識の伝授を重視してきた課程の改革を行い、児童生徒の積極的、自主的な学習態度の育成に重点をおくこと、②課程構成の均衡性、総合性と選択性を実現すること、③課程内容は児童生徒の生活や社会発展に関連させ、児童生徒の学習に対する意欲と経験を重視するものとすること、④課程の実施においては、児童生徒の自主的な参加と探究的な学習活動や、他者と交流し、協調する能力の育成に重点をおくこと、⑤児童生徒の発達と教師の資質向上を促進するための評価方法を実施すること、⑥課程管理の合理性を実現することなど、具体的な改革の目標も示した。また、すべての児童生徒を充分に発達させ、彼らの自主的、個性的な学習を促すために、教師の役割については、「個に応じて指導」を行うこと、児童生徒の「学習への積極性を引き出し、彼らの自主的な参加を促す教育環境を作り出す」ことに限定されることとなった[56]。

このように、2001年「綱要」において、学習過程における児童生徒の積極的な態度と意欲の形成とともに、創造的な精神と独立した知識の獲得能力など実践能力の育成が重視され、さらに、他者と交流し、協調する能力の育成も注目されることとなった。また、その育成において、児童生徒の自主的で、能動的な、創造性のある探究的な学習活動が重視されているため、児童

生徒を学習と発達の主体と捉えていることがうかがえる。これまでの政策と異なり、2001年「綱要」では初めて生涯にわたる発達の視点に立って全面的発達を遂げる人間の備えるべき素質についての提言が行われ、その育成方法についての具体的な検討も試みられた。このことは2001年「綱要」の1つの到達点と言えよう。また、2001年「綱要」の作成において、1993年「要綱」作成時よりも多くのアクターが関わっており、かつてないことに、とりわけ教育現場の教師の意見も多く取り入れられた[57]。

人間の発達において教育が持つ重要な役割について一層認識が深められたのは、2002年11月に開かれた中国共産党第16回党大会である。大会において、「教育は人民のために奉仕する」ものと捉えられ、「教育は、人間の全面的発達の促進において代えられない重要な歴史的使命」を担っていると宣言された[58]。翌年10月に開かれた中国共産党第16期三中全会においては、「人間本位の社会作りを行い、全面的に、協調的で、持続的な発展観念を樹立し、経済社会の発展とともに人間の全面的発達を促す」[59]ことが提言された。国民の生涯にわたる発達を意識した生涯教育体系を構築し、学習型社会を建設する具体的な施策を講じるため、2004年に教育部は「2003-2007年教育振興行動計画」を公布した。「2003-2007年教育振興行動計画」は創造的意欲と革新的能力を持つ人材の育成を目指すものであり、この「計画」においては、「人民を満足させる教育を営む」[60]というスローガンが打ち出され、教育の目標、内容及び方法を設定する際に、人民の需要やニーズに依拠すべきことが認識されている。

創造的精神と実践能力の育成、そして生涯にわたる発達を重視する中国政府の姿勢は、2010年3月に公布された教育部の「基礎教育課程改革を深化させ、さらに素質教育を推進することに関する意見（以下、2010年「意見」と略す）」にも貫かれている。2010年「意見」において、①児童生徒により多くの自由時間を残し、カリキュラムをさらに改善すること、②児童生徒の生涯にわたる発達にとって重要で価値のある課程内容を精選し、カリキュラムや教材と社会の発展、科学技術の進歩、児童生徒の経験との関連性を強化することといった方向が示された。ここでも、教師の果たすべき役割については、

「個に応じて指導を行う」こと、児童生徒に「自らの興味・関心と繋がらせ、将来の発達にとって必要な課程を選択できるように導く」こと、児童生徒が「独立して考え、自主的で能動的に学習するように、学習環境作りを行う」ことに限定されている[61]。

なお、2010年7月には、今後10年間にわたる中国の教育の発展の方向を指し示す「2010－2020年国家中長期教育改革と発展計画綱要」が公布された。この「中長期綱要」においては、児童生徒の創造的精神、実践能力とともに、彼らの社会的責任感の育成が新たに提起されるようになった。また、その育成方法においては、児童生徒の自主的参加をより一層重視した実践課程や活動課程の開発とともに、「参加式」教授方法の実施も求められていた[62]。

このように、総合的な国力の向上を図るため「素質教育」が推進されるのに伴って、教育は「人民」に奉仕する存在と捉えられ、人間の生涯にわたる発達を促すことこそ教育の本来の使命と認識されるようになった。この時期、育成すべき人間像は「自主創新」という言葉で表された。すなわち、生涯にわたる発達を図るために、創造的精神と実践能力を持ち、自主的で能動的に学習活動に参加する態度の育成が目指されることとなった。その育成方法については、カリキュラムの編成において、児童生徒の生活世界や社会の発展との繋がりがさらに強化され、カリキュラムの生活化、社会化がより一層重視されるようになった。また、児童生徒は学習と発達の主体として位置づけられ、学習過程における彼らの探究や体験が訴えられる一方で、教師の役割は、児童生徒が自ら学習できる環境を整えることに限定されることになっている。

1997年以降も、教育研究分野で議論されている「主体性」という言葉そのものは教育政策に出てきていない。しかし、とりわけ2001年「基礎教育課程改革綱要」に示されている新しい課程の目標において、児童生徒は学習の主体とされ、学習過程における彼らの興味・関心、自ら学ぶ意欲や、自主的に進んで探究的な活動を行う態度と能力とともに、他者と交流し、協調する態度や能力の育成が重視されていることが確認された。2001年「基礎教育課程改革綱要」に示されているこれらの内容には、1997年以降、教育研

究分野で論じられている「主体性」育成に関する理論的研究の内容との共通点がうかがえ、教育政策における「主体性」概念にあたる内容と言えよう。

1997年以降の教育改革がもたらされた背景のなかには、高度経済成長に伴い既存の社会主義教育体制が経済改革に適応することができなくなった状況を解消し、国際競争に勝ち抜くために自ら考え、自ら創造する人材の育成を目指す新しい教育体制を確立する国家からの要請があった。このことは、「人材育成の目標は時代の発展の要求と一致しないこと、教科内容は『繁雑、難解、偏っている、旧い』という状態が存在し、カリキュラムが現代の科学技術、社会発展の新しい内容を反映していないこと」[63]など、2001年に行われた基礎教育課程改革の理由に対する国家教育部からのコメントからもうかがえる。特に、この時期、社会責任感の育成が重視されていることは注目に値する。その背景には、「一人っ子政策」[64]の普及により、今後の中国社会を支える「一人っ子」たちの間に見られる独善的で自分勝手な「自己中心」的傾向に加え、経済発展に伴い、以前の時期でも見られた拝金主義、利益至上主義や極端な利己主義の氾濫があった。これらの社会的秩序の混乱を引き起こす不安定要素を取り除き、中国社会の長期的安定を図るためには、「社会責任感」を持つ個人の育成が要となることが認識されていたことがうかがえる。そして、「素質教育」の全面的な推進を目指すこの時期に出された教育政策においても、社会主義の徳育は強調され続けており、愛国主義、集団主義、社会主義の思想教育には、引き続き教育における中核的な位置づけが与えられている。教育の社会的志向を示唆するこれらの状況から、教育政策の策定において相変わらず国家意志が絶対的な立場にあることがわかる。

他方、1997年以降、教育研究者のみならず、教育現場の教師の多くも積極的に教育改革に参加し、教育改革に活気を与えていたことに1997年以前との相違が見られる。基礎教育課程改革の準備を行うために、1997年以降、教育部は多くの教育研究者を組織し、諸外国の教育事情や教育改革について考察を行い、諸外国の教育理論や実践を中国に導入し、検討することに取りくんできた。それと同時に中国国内では、学習者の「主体性」の育成が「素質教育」の核心であり、「素質教育」を実現する有効な方法であることが教

育研究者や教育現場の多くの教師にも認識されるようになった。研究者主宰の「主体性」育成研究が「素質教育」に関する研究の一環として国家重点研究プロジェクトに位置づけられ、研究拠点で展開されていただけではなく、教育現場の教師も学習者を学習活動の主体と意識し、学習過程における彼らの「主体性」の育成に焦点をあてた教育実践が全国規模で行われることとなった[65]。さらに、2001年基礎教育課程改革をスタートさせた「基礎教育課程改革綱要」及び新しく公布された各教科の教育活動の基準である「課程標準」の作成において、新たな取り組みとして、とりわけ教育現場の教師の意見も多く取り入れられた。このように、教育政策の策定において、民主的な気風が形成されはじめたと言えよう。この時期、「主体性」育成研究を含む教育研究分野での活動が、実質的には国家主導下におかれているものの、その研究成果が教育政策の策定にも反映されることとなった。

第4節　各時期の教育政策に関する比較検討及び考察

　文革が終結してから今日までの約30年間に、改革開放政策が導入されたり、経済体制、政治体制、教育体制が転換されたりするなど、中国社会は激しく変化してきている。教育は時には政治に奉仕する存在と捉えられ、時には社会主義現代化建設のために奉仕するものと捉えられていたため、社会に適応する人間を育成するために、教育目標とその育成方法が調整され続けてきた。各時期に出された教育政策の特徴を明らかにするために、教育政策における育成すべき人間像及びその育成方法などを表3-1のようにまとめた。
　表3-1に示すように、各時期に出されている教育政策は、教育を通じて最終的に国を愛する社会主義の建設者と後継者の育成が目指されているという点では共通しており、社会主義の方向を堅持することが中国の教育の動かぬ原点となっていることがわかる。
　一方で、社会主義建設者や後継者として必要とされる能力の捉えかたは、時期によって異なっていることも明らかとなった。つまり、「回復再建」期には基礎知識や基本技能を身につけることのみが重視されていたが、「迅速

表3-1　各時期の教育政策における育成すべき人間像及び育成方法の特徴

	教育目標	育成すべき人間像	育成すべき能力・育成方法
「回復再建」期 (1977年－1984年)	社会主義を擁立する労働者の育成	「又紅又専」の人材	基礎知識や基本技能の習得が中心であり、教師による知識の一方的な伝授が重視された。カリキュラムと児童生徒の生活実際とのつながりは弱かった。
「迅速発展」期 (1985年－1996年)	社会主義現代化建設の建設者や後継者の育成	「徳才兼備」の人材	基礎知識や基本技能の習得、四有思想道徳素質、独立した思考力、創造意欲、問題分析・解決力など科学文化的素養の育成が重視された。カリキュラムと児童生徒の日常生活や社会生活とのつながりが重視された。学習過程における児童生徒の自主的な参加を促すために、「注入式」教授方法が取りやめられ、「啓発式」教授方法の導入が求められた。
「改革創新」期 (1997年－2009年)	社会主義現代化建設の建設者や後継者の育成	「自主創新」の人材	生涯の発達を図るために、自ら学び、自主的に進んで探究的な活動を行う態度と能力とともに、他者と交流し、協調する態度と能力を持つ児童生徒の育成が重視されている。カリキュラムの内容と、児童生徒の生活や社会の発展との関連がさらに強化された。学習過程における児童生徒の探究と体験が重視され、教師の役割は児童生徒自らが学習できる環境を整えることに限定されることになった。「啓発式」、「討論式」、「参加式」教授方法の導入が求められている。

発展」期に入ると、思想道徳の素質とともに創造的精神や実践能力を包括した科学文化的素養の育成が重視されることとなった。さらに、「改革創新」期の現在では、生涯にわたる発達という視野に立った、自ら考え、自ら判断し、進んで創造する意欲と能力を持ち、他者と協調する能力を持つ人間が育成すべき人間像とされるようになっている。

　こうした育成すべき人間像の備えるべき能力についての見方の変化に伴い、その育成方法も見直され続けてきた。すなわち、基礎知識や基本技能の習得を目指した教師による一方通行的な講義を重視する方向から、学習過程における児童生徒の自主的な学習を重視する方向へと徐々に転換が図られてきている。現在では、児童生徒が学習過程の主体に位置づけられ、学習過程にお

ける彼らの興味・関心や、彼らの積極的で自主的な探究・体験とともに、他者と交流し協調する能力の育成、すなわち彼らの「主体性」の育成を重視する方向が打ち出されている。その一方で、教師の役割は、「啓発式」、「討論式」、「参加式」の教授方法を導入することで、児童生徒自らが学習できる実践環境を整えることに限定されるようになった。

　以上のように、育成すべき人間像の備えるべき能力及びその育成方法に見られる転換から、1997年以降、教育政策における「主体性」を尊重する教育理念の登場は、経済発展に伴う社会主義建設者や後継者として必要とされる能力に対する捉えかたや、その育成方法の転換と密接に関わっていることが明らかとなった。特に、2001年「基礎教育課程改革綱要」が公布されて以降、教育政策においては、自ら考え、自ら判断し、進んで創造する意欲と能力、他者と交流し、協調する能力といった「主体性」が社会主義の建設者と後継者の備えるべき能力と捉えられている。また、このような能力を持つ社会主義の建設者と後継者を育成するためには、従来の児童生徒の従順な学習からの脱却が必要であると捉えられていることが明らかとなった。しかし一方で、先述したように2001年「基礎教育課程改革綱要」において、児童生徒に「愛国主義、集団主義、社会主義、人民のために奉仕する精神」を育成することなど、従来の社会主義の思想教育の目標も新しい課程の目標として掲げられ続けている。そのため、2001年「基礎教育課程改革綱要」が公布されて以降、教育政策において重視されるようになった児童生徒の「主体性」の育成が、社会主義の思想教育の目標を実現させるための有効な手段と捉えられていることが推察される。

　1997年以降、育成すべき人間像及びその育成方法に見られる転換は、「主体性」育成をめぐる研究者たちの理論研究と同じ方向を示しており、教育政策の策定と「主体性」育成に関する研究の関連性がうかがえる。一方、「主体性」育成研究と教育政策の策定の関係を追及してみると、文革終結後から今日に至る約30年間、教育政策の策定において国家意志が絶対的な立場にあることが明らかとなった。特に、1997年以前は、教育政策が常に研究活動に方向性を提示している一方で、「主体性」育成研究は教育政策の策定に

ほとんど影響を与えていない。つまり、「主体性」育成研究は、ひたすら政策に導かれ、政策の許容範囲内で展開されるという、「政策先行」の状況にあった。

しかし、1997年以降、21世紀における教育改革の準備を進めるために、中国政府は積極的に教育研究活動を組織し、教育研究の成果を政策の策定にも吸収するように取り組んできた。また、教育研究者のみならず、教育現場の教師の多くも積極的に教育改革に参加し、教育改革に活気を与えていたことに1997年以前との相違が見られる。さらに、近年の教育政策の策定においては、より多くの人々の参加が求められるようになってきており、民主的な気風が形成されつつある。中国政府の教育研究活動に対するスタンスの転換が象徴するように、「主体性」育成研究と教育政策の策定との関係において「政策主導」下での「官研協同」という局面が形成された。第1章での分析と繋げてみると、こうした新しい局面の形成が、1997年以降、「主体性」育成研究において構成主義の学習理論に基づく「自己形成」の重視や、「主体性」育成における「交流」と「協調」という視点を取り入れたことなどに象徴されるように、「主体性」育成研究の質を向上させた要因となったことが考えられる。

一方で、**表3-1**に示すように、1990年代以降、教育政策における教育目標及び教育方法に対する規定がより細かく、具体的なものになってきている傾向も確認された。これに関して、第1章で次のように述べたことと関係する。すなわち、「1980年代の教育政策において、教育のありかたについて大まかな方向性を示すことにとどまっていたことが、「主体性」育成の理論研究により広い研究の空間を提供した。しかし、1997年以降、「主体性」の育成において、学習者個人の意思や経験が再び重視されるようになったとはいえ、「主体性」の発揮を個人の権利と捉えられていた1989年当初の研究者たちの議論と比べ、研究の自由度がかえって低いものである」という考察である。これらのことと照らし合わせてみると、1990年代以降、教育政策における教育目標及び教育方法に対する規定がより細かく、具体的なものになってきている傾向が、「主体性」育成に関する研究の自由度を制限する要素と

なり、「主体性」育成研究は結局教育政策に導かれるものとなっていることが見てとれる。

おわりに

　本章での分析を通じて、児童生徒の「主体性」が重視されてきたと高く評価されている2001年基礎教育課程改革の方向を示す「基礎教育課程改革綱要」を含む、文革終結後の約30年の間、中国の教育政策において、「主体性」という言葉そのものは一度も現れなかったことが明らかとなった。しかしながら、児童の自主的な学習を重視する提言は早くも1980年代初頭の教育政策に提起されていた。また、1997年以降に出された教育政策においては、児童生徒の生涯にわたる発達に焦点があてられ、彼らの創造的精神と実践能力の育成がより一層重視されるようになった。特に、前述の「基礎教育課程改革綱要」においては、児童生徒が学習の主体とされ、学習過程における彼らの興味・関心、自ら学ぶ意欲や、自主的に進んで探究的な活動を行う態度と能力とともに、他者と交流し、協調する能力の育成が重視されるようになった。これらの内容から、1997年以降、教育研究分野で論じられてきた「主体性」育成に関する理論的研究の内容との共通点が確認され、2001年基礎教育課程改革によって教育政策に確立された「主体性」概念にあたる内容であると言えよう。

　また、文革が終結してから2010年までの約30年間に出された教育政策においては、教育を通じて国を愛する社会主義の建設者と後継者の育成が目指されているという点では共通している。一方で、社会主義建設者や後継者として必要とされる能力の捉えかた、またその育成方法は、時期によって異なっていたことも明らかとなった。現在教育政策においては、自ら考え、自ら判断し、進んで創造する意欲と能力、他者と交流し、協調する能力といった「主体性」が社会主義の建設者と後継者の備えるべき能力と捉えられている。また、このような能力を持つ社会主義の建設者と後継者を育成するためには、児童生徒の従順な学習からの脱却が必要であると捉えられているの

ある。
　他方、「主体性」育成研究と教育政策の策定との関係を追究してみると、中国では、教育政策の策定において、国家意志が絶対的な立場にあり、教育政策が常に研究活動の方向を規定し、教育研究活動は政策の許す範囲内で展開されてきた状況にあることが明らかとなった。ただし、1997年以前の「主体性」育成研究がひたすら政策に導かれていた「政策先行」の状態と異なり、1997年以降、中国政府は積極的に教育研究活動を組織し、教育研究の成果を政策の策定にも吸収するように取り組んでいることに象徴されるように、「主体性」育成研究と教育政策の策定との関係において「政策主導」下での「官研協同」という局面が形成されている。こうした新しい局面の形成が、1997年以降、「主体性」育成研究の質が向上した背景となった。しかし一方で、1990年代以降、教育政策における教育目標及び教育方法に対する規定がより細かく、具体的なものになってきている傾向も確認された。このことは、「主体性」育成研究の自由度が制限される要因の一つになったと考えられる。
　2001年の基礎教育課程改革を契機に、教育政策においては、「主体性」という用語そのものは登場しないものの、実質的には学習過程における児童生徒の「主体性」が重視されるようになった。このことは従来、教師中心主義の系統的学習が重視されてきた中国においては大きな進歩と評価できよう。ただし、児童生徒の「主体性」の育成が「愛国主義、集団主義、社会主義」という特定の価値を意識させる手段として捉えられ、非常に狭い範囲内に限定されている点には注意が必要である。そのため、児童生徒の自立や自由な意思決定、また物事に積極的に関わる態度や新しいものを作り出す創造的な意欲と能力の育成に関わる「自主性、能動性、創造性」が果たして充分に育てられているのか、さらにいえば彼らが自ら他者と協調する「社会性」が充分に育てられるのかについては、議論の余地の残るところであろう。
　こうした限界はあるものの、近年、「主体性」育成研究と教育政策の策定との関係そのものに質的な転換が見られる点から、研究成果に基づいて、より科学的な政策を作り出そうとする中国政府の姿勢がうかがえる。また、近

年の教育政策の策定において民主的な気風が形成されてきたことは、教育政策の策定に新たな可能性を切り開くだけでなく、「主体性」育成のさらなる発展を促す基盤にもなりうると考えられる。

注

1　陳桂生「中国教育基本理論的新進展」『中国教育科研成果概覧』山西高校連合出版社、1992年、pp.11-31。
2　中国共産党中央委員会「関於教育体制改革的決定」1985年5月27日。何東昌主編『中華人民共和国重要教育文献（1976〜1990）』海南出版社、1998年、pp.2285-2289。
3　中華人民共和国教育部『全日制義務教育語文課程標準（実験稿）』北京師範大学出版社、2001年、pp.1-4。
4　http://ja.wikipedia.org/wiki/　アクセス日：2011年7月20日。
5　鄧小平「関於科学和教育工作的幾点意見」1977年8月8日。何東昌主編、前掲書、pp.1573-1576。
6　「全日制十年制中小学教学計画試行草案」1978年1月18日。同上書、1998年、p.1593。
7　同上。
8　同上書、p.1594。
9　『中華人民共和国憲法』1978年3月5日。何東昌主編、前掲書、1998年、p.1600。
10　「全日制小学暫行工作条例（試行草案）」1978年9月22日。何東昌主編、前掲書、1998年、p.1630。
11　同上書、p.1631。
12　同上。
13　同上書、p.1630。
14　中華人民共和国教育部「全国中小学思想政治教育工作座談会紀要」1979年9月5日。何東昌主編、前掲書、1998年、pp.1721-1724。
15　中華人民共和国教育部「関於印発改進和加強中学政治課的意見的通知」1980年9月12日。同上書、pp.1845-1846。
16　中華人民共和国教育部「関於小学開設思想品徳課的通知」1981年3月9日。同上書、p.1913。
17　中華人民共和国教育部「関於学習貫徹『関于加強愛国主義宣伝教育的意見』的通知」1983年8月24日。同上書、pp.2120-2122。
18　中華人民共和国教育部「関於印発改進和加強中学政治課的意見的通知」1980年9月12日。同上書、pp.1845-1846。北京師範大学教授で徳育研究の専門家の檀伝宝氏に対するインタビュー、北京、2008年6月13日。
19　黄忠敬「我国基礎教育課程政策：歴史、特点与趨勢」『課程・教材・教法』2003（1）、2003年、p.22。
20　中国共産党中央委員会「関于建国以来党的若干歴史問題的決議」1981年6月27日。何東昌主編、前掲書、1998年、pp.1954-1955。

21 中華人民共和国教育部「関於修訂全日制五年制小学教学計画的説明」1981年3月13日。同上書、pp.1915-1916。
22 中華人民共和国教育部「関於全日制六年制小学教学計画的安排意見」1984年8月15日。同上書、pp.2207-2209。
23 孟洪珠「現代中国の教育改革動向──公立小中学校における教育課程改革を中心に」『東京大学大学院教育学研究科教育行政学研究室紀要』第20号、2001年、p.132。
24 王本陸に対するインタビュー、北京、2012年1月28日。
25 魏立言「教育主体性問題論争述略（上）」『上海教育科研』1994（3）、1994年、pp.5-8。魏立言「教育主体性問題論争述略（下）」『上海教育科研』1994（4）、1994年、pp.11-17。張天宝『主体性教育』教育科学出版社、1999、p.33。
26 中華人民共和国教育部「関於印発改進和加強中学政治課的意見的通知」1980年9月12日。何東昌主編、前掲書、1998年、pp.1845-1846。「関於小学開設思想品徳課的通知」1981年3月9日。同上書、p.1913。「関於学習貫徹『関於加強愛国主義宣伝教育的意見』的通知」1983年8月24日。同上書、p.2122。
27 中国共産党中央委員会「関於経済体制改革的決定」1984年10月20日。同上書、pp.2222-2224。
28 中国共産党中央委員会「関於教育体制改革的決定」1985年5月27日。同上書、pp.2285-2289。
29 同上。
30 篠原清昭「中国の教育の市場化にみる社会主義的教育政策の転換」『岐阜大学教育学部研究報告人文科学』第55巻第1号、2006年、p.172。
31 「中小学教材審定標準」1987年10月10日。何東昌主編、前掲書、1998年、pp.2674-2675。
32 「小学班主任工作暫行規定（試行草案）」1988年8月10日。同上書、p.2714。
33 同上。
34 同上。
35 「義務教育全日制小学、初級中学教学計画（試行草案）」1988年9月20日。何東昌主編、前掲書、1998年、pp.2799-2801。
36 中国共産党中央委員会「関於改革和加強中小学徳育工作的通知」1988年12月25日。同上書、1998年、pp.2821-2824。
37 中国共産党中央委員会・国務院「中国教育改革和発展綱要」1993年2月13日、何東昌主編、『中華人民共和国重要教育文献（1991〜1997）』海南出版社、1998年、p.3467。
38 社会主義国家の計画的に国民経済と科学文化事業を発展させる全ての活動を指す。社会主義の経済建設、社会主義の政治建設と社会主義の思想・文化建設を含んでおり、社会主義現代化建設の中心は経済建設となっている。
39 中国共産党中央委員会・国務院「中国教育改革発展綱要」1993年2月13日、何東昌主編、前掲書『（1991〜1997）』1998年、p.3471。
40 同上。
41 同上。
42 黄忠敬、前掲論文、2003年、pp.21-26。
43 「小学管理規程」1996年3月9日、何東昌主編、前掲書『（1991〜1997）』p.3948。
44 中国共産党中央委員会「関於建立社会主義市場経済体制若干問題的決定」1993

年11月14日。同上書、pp.3573-3574。
45　同上。
46　「江沢民同志在全国教育工作会議上的講話」『人民日報』1994年6月20日。
47　黄忠敬、前掲論文、pp.21-26。
48　一見真理子「中国における学力観の転換――「素質教育」の意味するもの」論文集編集委員会編『学力の総合的研究』黎明書房、2005年、pp.114-115。
49　同上書、p.114。
50　韋鈺「認清形勢把握時機努力開創新形勢下留学回国工作的新局面」何東昌主編、前掲書『(1991〜1997)』、p.4141。
51　中華人民共和国教育委員会「関於当前積極推進中小学実施素質教育的若干意見」1997年10月29日。何東昌主編、前掲書『(1991〜1997)』、pp.4288-4291。
52　同上。
53　中国共産党中央委員会・国務院「関於深化教育改革全面推進素質教育的決定」1999年6月13日。何東昌主編『中華人民共和国重要教育文献（1998〜2002）』海南出版社、2003年、pp.286-290。
54　同上。
55　中華人民共和国教育部「基礎教育課程改革綱要（試行）」2001年6月8日。同上書、pp.907-909。
56　同上。
57　2001年「基礎教育課程改革綱要（試行）」や「課程標準」の作成に関わった北京師範大学教授で徳育研究の専門家の檀伝宝に対するインタビュー、北京、2008年6月13日。
58　江沢民「全面建設小康社会、開創中国特色社会主義事業新局面」何東昌主編前掲書、『(1998〜2002)』p.1409。
59　中国共産党中央委員会「関於完善社会主義市場経済体制若干問題的決定」2003年10月14日。何東昌主編『中華人民共和国重要教育文献（2003〜2008）』海南出版社、2010年、p.194。
60　中華人民共和国教育部『2003-2007年教育振興行動計画学習補導読本』教育科学出版社、2004年、p.29。
61　中華人民共和国教育部「関於深化基礎教育課程改革進一歩推進素質教育的意見」2010年3月10日。http://www.moe.edu.cn/publicfiles/business/htmlfiles/moe/moe_711/201007/92800.html
62　中国共産党中央委員会・国務院「国家中長期教育改革和発展規化綱要（2010-2020年）」2010年7月29日。http://www.moe.edu.cn/publicfiles/business/htmlfiles/moe/moe_177/201008/93785.html
63　中華人民共和国教育部副部長王湛「関於基礎教育改革的意見」『中国教育報』2001年9月14日。
64　中華人民共和国で改革開放政策が始動した1979年に始まった人口抑制政策のことを指す。出産または受胎に計画原理を導入し、人口の増加に法規制を加えたものである。
65　裴娣娜に対するインタビュー、北京、2008年6月17日。

第 4 章
課程政策にみる児童「主体性」
―― 国語科の教育目標・内容と教科書の分析を中心に

はじめに

　第 3 章で明らかにしたように、文革終結後の約 30 年間、中国の教育政策において、「主体性」という言葉そのものは一度も現れなかった。しかしながら、児童の自主的な学習を重視する提言は早くも 1980 年代初頭の教育政策に現れていた。また、「自主創新」の人材の育成を目指し、1997 年以降に出された教育政策において、児童生徒の生涯にわたる発達が重視され、彼らの創造的精神、実践能力の育成がより一層強調されるようになった。とりわけ、2001 年基礎教育課程改革の方向を示す「基礎教育課程改革綱要」において、児童生徒が学習の主体と位置づけられ、教授・学習過程における児童生徒の興味・関心、自ら学ぶ意欲や、自主的に進んで探究的な活動を行う態度と能力とともに、他者と交流し、協調する態度と能力の育成が重視されるようになっている。これらの内容は 2001 年基礎教育課程改革を契機に、教育政策に確立された「主体性」概念にあたる内容でもある。現在、教育政策において、自ら考え、自ら判断し、進んで創造する意欲と能力、他者と交流し、協調する態度と能力といった「主体性」が社会主義の建設者と後継者の備えるべき能力と捉えられている。また、従来のような児童生徒の従順な学習からの脱却が、このような意欲と能力を持つ社会主義の建設者と後継者を育成するために必要不可欠なものと捉えられている。

　本章では、2001 年「基礎教育課程改革綱要」において確立された「主体性」を尊重する教育理念及び「主体性」に対する捉えかたが、いかに課程政策に反映されているのかを明らかにするために、小学校における国語科を事

例に分析を行う。国語科を選定した理由については、何よりも、他の教科目と異なるその独自性にある。つまり、算数、理科、社会、音楽、体育等の教科目はそれぞれの分野の知識の習得や能力の育成を主な目的としており、これらの教科目の教科書においては、それぞれの分野に関連する自然科学や社会科学に関する知識が収録されている。また中国では、望ましい道徳価値の伝承が目的とされる道徳教育については、教材の編纂において、偉人や著名人の優良な品行等を賛美する価値志向を持つ作品を中心に収録する傾向があった。これに対して、2001年の基礎教育課程改革を契機に、児童生徒の日常生活と密接な関わりを持たせ、道徳教育の教材が児童生徒にとって親しみやすいものにする工夫が見られる一方で、児童生徒自らの思考を促す葛藤的な内容をいかに充実させるかがなお課題として残っている[1]。

一方で、国語科は文化を伝承する使命を背負っている教科であり、文字という形で情感、態度、価値観などを表現し、伝え、審美の情趣を養う教科目である。また、中国では、国語教科書は教材文を収録するスタイルをとっており、教材文のなかには文学作品の占める割合が大きい。文学作品には読み手に伝えようとする作者の感情や思想が含まれているが、これらの感情や思想は読み手によって感じかたや理解の仕方が異なるものである。そのため、文学作品の「読み」において、児童生徒の「主体性」の発揮が最も反映され得ると考えられる。

以上を踏まえて本章では、まず中華人民共和国が成立してから2000年までの各時期に出された国語課程政策の変遷を概観し、中国における国語教育の伝統的な特徴を明らかにする。次に、2001年「基礎教育課程改革綱要」に確立された児童の「主体性」を尊重する教育理念が、どのように国語科に反映されているのかを明らかにするために、第1に、2000年国語教学大綱と2001年の国語課程標準における国語教育の目標・内容、「読み」の目標について比較分析を行う。第2に、2000年教学大綱版国語教科書と2001年課程標準版国語教科書の編成についても比較分析を行う。

本章において国語課程政策として取り扱う教学大綱[2]は、国の教育行政機関が学校教育における各教科の教育目標、教育内容及び教授活動の実施につ

いて具体的な指針を規定する指導性のある公文書である。また、教材の編纂及び教育活動を行うにあたって依拠すべき文書であり、教育効果を検定・評価する際の基準でもあるため、日本の学習指導要領に相当するものと考えられる。

第1節　国語課程政策の変遷

　中華人民共和国が成立してから2001年基礎教育課程改革が行われるまでに、初等教育段階における国語教育について2つの課程標準と6つの教学大綱が公布されてきた。すなわち、1950年「小学語文課程暫定標準（草案）」（以下、1950年暫定標準と略す）、1952年「小学語文課程暫定標準（修正草案）」（以下、1952年改訂標準と略す）、1956年「小学語文教学大綱（草案）」（以下、1956年大綱と略す）、1963年「全日制小学語文教学大綱（草案）」（以下、1963年大綱と略す）、1978年「全日制十年制学校小学語文教学大綱（試行草案）」（以下、1978年大綱と略す）、1987年「全日制小学語文教学大綱」（以下、1987年大綱と略す）及び1992年「九年義務教育全日制小学語文教学大綱（試用）」（以下、1992年大綱と略す）、2000年「九年義務教育全日制小学語文教学大綱（試用修訂版）」（以下、2000年大綱と略す）である。以下、それぞれについて検討してみる。

　まず、中華人民共和国建国初期に公布された1950年暫定標準について見てみよう。この暫定標準は1949年9月に制定された臨時憲法の性格を持つ「中国人民政治協商会議共同綱領」に示されている教育方針に基づき作成されたものである。「中国人民政治協商会議共同綱領」において、「中華人民共和国の文化教育は新民主主義的、つまり民族的、科学的、大衆的文化教育である。人民政府の文化教育事業は、人民の文化レベルを向上させ、国家建設に役立つ人材を育成し、封建的、買弁[3]的、ファシスト的な思想を粛清し、人民の思想発展を主な任務とすべきである」[4]と規定されている。ここから、建国以前のように教育を受けられる者が一部に限られていたそれまでの教育を改め、中華人民共和国における教育方針とは、教育を社会主義的な、労働

者大衆のためのものにすることであることがわかる。当時、新生政権を強化し、国民経済の回復と再建を図るために様々な人材に対する需要があった。しかし1949年10月に中華人民共和国が成立した当初、非識字者の割合は国民全体の8割以上も占めていた[5]。そのため社会主義を浸透させるためにも、教育の普及は最も重要な課題となっていた。このような背景のもとで作成された1950年暫定標準では、国語科の目標と任務について、「読み、話し・書き、写字」の3つの面にわたって、国語の基礎知識・基本技能の習得を強調していることが最も大きな特徴である。

　一方、建国後間もなく、「抗美援朝」[6]運動及び中国国内での「三反五反」運動[7]が行われた。以上の運動に合わせて1951年に中国国内では愛国主義教育が広く展開され、学校教育における政治思想教育の強化に対する要求が出された。また、当時実施されていた「四・二制」の学制のもとで、小学が初級（4年）と高級（2年）の2段階に分かれたことが、労働人民子女が完全な初等教育を受けることを妨げるものと批判された。このことを受け、1951年に政務院（後の国務院）は7歳入学の「五年一貫制」を普及するために、「学制改革に関する決定」を公布し、1952年新学期から新しい学制を計画的に導入することを決めた。この新しい学制の普及に備えて、教育部は1950年の暫定標準を改訂した。その成果が、1952年改訂標準であった。1952年改訂標準の最も大きな特徴は、思想教育を重視したことである。この改訂標準において、国語教育の目標は「祖国に忠誠を尽くし、人民に奉仕する道徳と思想の育成」とされ、教材となるものについて、「正しい思想性と政治性を有しなければならない」ことが指示された[8]。他方、長年の内戦を経て崩壊間際となった国民経済の回復を促す人材の育成を急ぐあまり、1952年の暫定標準においては、国語教育の目標があまりに高く設定され、目標と任務が明確でなく、系統性や計画性、さらには科学的な教授方法に対する検討が欠けているといった問題もあった[9]。国内外の政治的原因に加え、教員、教材、財政の確保に困難が多かったため、1952年から始められた小学「五年一貫制」学校制度の改革は僅か1年で挫折した。それに伴い、1952年改訂標準も実質上廃止されることとなった。

1953年から中国ではソ連の支援のもとで初めての「五カ年計画」が実行された。当時ソ連一辺倒の風潮は教育にも影響を及ぼしていた。教育改革において、教育制度を始めカリキュラム、教材、教授方法を含む教育全般にわたって、ソ連の経験が最大限に模倣されていた[10]。このような背景のもとで作成された1956年大綱において、国語教育の思想性とともに、国語科の知識や技能を伝達する道具性も重視されていた。また、言語文字の訓練に加えて文学教育を行う「読み」が設けられ、児童の独立した読み能力や彼らの思惟の育成においては「講読法」の有効性が訴えられた[11]。しかし「講読法」について「教師はあらかじめ結論を用意し、結論にたどりつくように教育を受ける者を導く」[12]と説明されている。つまり、教師に教授・学習活動における主導的な地位が与えられ、児童の独立した読みや彼らの思惟の発達は、教師に導かれるものと位置づけられていることがわかる。この大綱も教育に対する要求が高すぎるという問題を抱え、現実では通用しなかったと指摘されている[13]。また、1957年の中国国内における「反右派」[14]闘争の拡大や1958年の「大躍進」[15]運動の始まりとともに、この大綱は形としては残されていたが、事実上廃止されることとなった[16]。

　1958年の「大躍進」運動の始まりに伴い、中国では「教育大革命」[17]が勃発した。この「教育大革命」において、国語教育の「政治性、思想性と戦闘性」が強調され、国語教育を「階級闘争や生産闘争を行う有力なツール」とし、国語の授業を政治の授業にしてしまう現象が全国各地で相次いで発生した。一方、政治思想教育を過度に強調する風潮に対する憂慮が多くの研究者と教育者の間に見られた。1959年から教育学分野では国語教育の目的と任務、特に国語における「文（言語の形式）と道（政治思想内容）」の関係に関する論争が行われた。3年間にも及ぶ論争の末、1961年に国語教育は道具性、思想性をともに有し、国語教育における思想教育は国語科の特徴に合わせなければならないという、思想性よりも国語の道具性をより重視する共通認識が形成された[18]。これは、1963年改訂国語大綱の指導的理念にもなった。1963年大綱では「読み」において「講読法」を貫く方針が示され、国語の基礎知識・基本技能の習得と関わる「識字」が最も重要な任務とされていた[19]。

1963年大綱において、従来の国語教育における政治思想教育が重視された教育方針に対する是正が行われた背景には、「大躍進」運動の失敗に対する反省があったと考えられる。しかし、1966年に文化大革命（以下、文革と略す）が始まり、それをきっかけに1963年大綱は実施後僅か3年で廃止されることとなった。

　1966年から1976年までの文革期間中、中国では、国民経済が崩壊の境地に追い込まれ、文化教育も廃滅の危機に直面していた。国語教育は建国以来最も深刻な被害を受け、小学校においては、国語教学大綱と教科書が徹底的な批判を受け、国語の道具性を重視した1963年大綱が「資産階級政治を推進し、国語の階級性を抹殺した」ものと非難された。また、国語教科書は当時の社会情勢に合わせて政治読本に編集され、国語授業は国語の知識を講じず、政治的なスローガンを宣伝する授業とされた[20]。

　文革終結後、政府の主導のもとで教育学分野では文革中の混乱に対する是正が着手された。その取り組みの成果の1つとして、1978年に出された「全日制十年制学校小学語文教学大綱（試行草案）」が挙げられる。この1978年大綱においても、国語の基礎知識・基本技能の習得とともに、政治思想教育を重視していたことが特徴的であった。政治思想教育が重視されたのは、第3章でも述べたように「文革後、国家の統一と安定を維持するために重要且つ必要であった」[21]からである。他方、基礎知識・基本技能の習得が重視されていたことについては、文革終結後、確実且つ急速に国の再建に必要な人材を育成するために、科学的な基礎知識・基本技能を学習させることが必要とされる歴史的背景があったと考えられる。また、この大綱では、児童の独立した思考や学習過程における児童の能動性の育成が提起されている一方、教師による教授が教授・学習活動の中心と認識されていた[22]。そのため、この大綱でも、教授・学習活動において、児童は実質的には教師に導かれる受け身的存在とされていることがわかる。

　1978年12月に中国共産党第11期三中全会が開かれ、経済建設を行うために改革開放政策の導入が決定された。それ以降、農業、工業の発展に伴い、経済発展を促す資質の高い人材の育成が重視されるようになった。国民の素

質を高めることを目指して、1985年に中国共産党中央は「教育体制の改革に関する決定」を打ち出し、九年制義務教育を段階的に推進することを決定した。翌年に「中華人民共和国義務教育法」が公布され、義務教育の推進が法律という形で決められた。これにより義務教育を推進するための教学大綱や教材の編纂が必要となった背景を受け、国家教育委員会（当時）[23]は義務教育の実施に向けて、①1978年大綱で示されている課程設置・内容及び教学計画などを大きく変動させないことを前提に移行段階の教学大綱を作成すること、②時間をかけて九年間義務教育のために新しい教学計画・教学大綱を作成し、教材を編纂することという方針を打ち出した[24]。

移行段階の教学大綱の編纂は1986年の夏休み期間中から始まり、1987年にその成果として大綱が完成した。児童の負担の軽減を目指す1987年大綱においては国語の基礎知識・基本技能の習得を重視する方針が貫かれていた。また、国語教育における言語文字の訓練に思想教育を浸透させることで、国語の政治思想教育の効能を果たせるという方針が打ち出された。そして、「読み」において1978年大綱と同様に、児童の独立した思考の育成に関する提言が行われている一方で、「読み」における思想教育の目標を実現させるため、教師は教授・学習活動の中心とされ、教師による主導が強調されていた[25]。

これに対して、九年間義務教育の実施に向けて新しく作成されたのが1992年大綱である。それまでの課程政策と異なり、1992年大綱の最も大きな特徴は民族の素質を高めることに着目していることである。1992年大綱においては国語科について「道具性だけではなく、強い思想性も有する重要な基礎科目」[26]と認識しており、国語教育の基礎知識・基本技能の習得が強調されるとともに、思想教育を強化する方針が堅持された。しかし、同時に児童の学びについても注目されるようになり、すべての児童の発達を促すために、児童の心身的特徴に対する配慮に関する提言が行われた。また、大綱において初めて教授・学習活動と児童の実際の生活との繋がりや、授業と授業外活動との関係などが言及され、授業外活動の設置についての提言も行われた。しかしその一方で、教授・学習活動において教師に主導的な地位が

付与されており、児童の学習活動は教師に導かれるものであるという認識は一貫して維持された[27]。

　以上に述べてきたように、長い間中国の国語教育において、国語の基礎知識・基本技能の習得とともに思想教育の機能が重視されていた。また、「読み」における児童の独立した思考を求める提言は早くも1956年大綱に現れていた。しかし、「講読法」についての説明からわかるように、教師による教授が教授・学習活動の中心と認識されており、「読み」における児童の独立した思考は思想教育の目標を達成させるために、教師に誘導されるものと捉えられ続けてきた。

　国語教育に対するこのような認識に大きな転換を見せたのは、「素質教育」の全国的な普及を図り、基礎教育課程改革の推進を行うために公布された教育改革移行期における大綱の2000年大綱である。2000年大綱において、国語教育の性質については「国語は最も重要な交流道具であり、人類文化の重要な構成部分である」[28]と述べられている。これについて、国語教育研究分野では高く評価されている。その理由は、従来の課程標準や教学大綱においては国語教育の性質について「明確な規定がされておらず、それゆえ、国語教育の本来の性格が無視され、時により思想教育と同一視されたり、技能を訓練するための教育と見なされたりして、国語としての教科の効能が失われてしまった」[29]。この状況が、2000年大綱の公布によって打破されたためである。また、児童の生涯にわたる発達に注目し、児童を「国語学習の主人公」[30]と位置づけ、学習過程における児童の主体的な参加が重視されるようになったことも2000年大綱における目新しい点である[31]。

　学習過程における児童の主体的な参加を重視する姿勢が2000年大綱において芽生えたが、それがさらに進められたのが2001年「全日制義務教育語文課程標準」（以下、2001年課程標準と略す）である。このことを確認するために、第2節では、2000年大綱と2001年課程標準における国語教育の目標・内容や「読み」の目標について比較検討を行う。

第2節　国語教育の目標・内容における児童「主体性」

1　2000年大綱における国語教育の目標・内容

2000年大綱における国語教育目標の冒頭において、「小学校における国語の教育は児童の発達を促進することに立脚し、児童の生涯学習や彼らの将来の生活と仕事のための基礎を定めるべきである」[32]と述べられている。このように、国語の基礎知識・基本技能の習得とともに、政治思想教育が強調されてきた従来の国語課程政策と異なり、国語教育の目標の焦点をはじめて児童の生涯にわたる発達に移していることがこの大綱で実現した大きな転換である。また、国語教育目標の具体的な内容として、国語の基礎知識・基本技能の習得、国語の学習習慣の育成、国語教育を通じて児童に「愛国主義教育、社会主義思想道徳教育を受けさせる」ことなど従来の課程政策においても重視されていた内容が示されている。そのうえさらに、児童に「文化としての国語を愛する思想感情を育成する」ことや、「児童の創造力を培い」、彼らの「健康的な個性を発達させる」ことも国語教育の目標に加えられた[33]。

特に、「文化としての国語を愛する思想感情」の育成に関する提言が加えられたことが、国語教育目標における大きな変化と捉えられている。その理由は、国語が単なる道具ではなく文化であることが認識されたことで、文化のなかに付与されている民族的感情や価値観なども注目されるようになったからである[34]。さらに、この提言は、長年の中国の国語教育における「『文字』が重視される一方『文化』が軽視され、国語教育を行う際『訓練』が強調される一方、『情感』が軽視された」[35]傾向を変えたものとしても、国語教育研究分野で高く評価されている。他方、創造力と個性の発達に対する提言から、児童に新しいものを作り出す意欲と能力の育成や、彼ら一人ひとりの特性や発達が重視されるようになったことがわかる。ここからも、従来の国語学習において、児童がただ受動的に教師に導かれる立場におかれていた状況が、2000年大綱の公布によって見直されたことがうかがわれる。

2000年大綱においては、国語教育の内容が8項目にわたって示されている

(表4-1)。第1項目はピンイン（日本語のローマ字のような役割を果たすものである）学習に関するものであり、第2項目は識字の目標に関するものである（たとえば、常用漢字3000字を認識すること）。第3項目は辞書の使いかたに関するものであり、第4項目は写字に関する要求である。第5項目は読みに関するものであり、読みにおける児童の興味や関心のほかに、読みのスキルや暗唱すべき量に関する規定も示されている。第6項目は読みの習慣の育成や、小学校段階における読書総量に関する要求であり（たとえば、5年制小学校では100万字以上、6年制小学校では150万字以上と記されている）、第7項目は作文に関するものである。そして第8項目は、2000年大綱の改訂に伴い、児童の国語実践活動を重視する目的を達成するために、新しく設けられた「口語交流」という活動における注意事項であり、「口語交流において礼儀を重んじること、話を聞く時、相手の伝えることを理解しながら、標準語を使い、自らの考えをはっきり伝える」と記されている[36]。

　上記に示されている2000年大綱における国語教育の内容を見ると、第8項目を除き、ほぼ1992年大綱そのものを継承しているが、いくつかの変化も確認された。すなわち、第5項目において、「読みに濃厚な興味を持ち」、「思想感情を感じ取る」[37]こと、第7項目の「作文」について「自分の経験したことや自らの感触と想像に基づき」[38]という表現が加えられていることである。従来、教師の教授は教授・学習活動の中心とされ、「読み」における「講読法」が重視されていたため、作品の読みにおいて、児童の興味・関心が無視され、児童が作者や登場人物になりきって、作者や人物の思想感情を感じたり想像したりするなど、学習活動における彼らの経験と体験は必要とされなかった。また、「作文」の学習活動においては、作文に関する基礎知識・基本技能の訓練がより重視されており[39]、児童の経験と想像は二の次に位置づけられていた。一方で、2000年の改訂において加えられたこれらの内容から、児童の国語の実践活動が重視され、「読み」や「作文」を行う際にも、児童の興味・関心や、彼らの思考、想像、そして経験が求められるようになっており、児童が学習活動の中心に位置づけられるようになったことがうかがえる。

表4-1　新旧課程政策における国語教育の内容

2000年教学大綱	2001年課程標準
①漢語ピンインの子音、母音、声調と音節を認識し、正しく発音する。子音、母音と音節を正しく書ける。アルファベットの大文字を認識し、『漢語ピンインのアルファベット表』を熟記する。	①国語の学習過程において、愛国主義感情、社会主義道徳を育み、徐々に積極的な人生態度と正確な価値観を形成し、<u>文化品位と審美の情趣を高める</u>。
②常用漢字3000字を覚える。そのなかの2500字を書ける。具体的文脈のなかで漢字の意味を理解する。	②中華文化は豊かで深みのあるものと認識し、民族文化の知恵を吸収する。<u>現代の文化生活に関心を持ち、多様な文化を尊重し、人類の優秀な文化を吸収する</u>。
③漢語・ピンインの二種類の検字法を習得する、必要に応じて、上手に辞書を使え、自ら識字ができる。	③祖国の言語文字を愛する感情を育てるとともに国語学習に対する<u>自信</u>と良好な学習習慣を培い、基本的な国語学習の方法を身につける。
④硬筆で字を書き、正しく、きれいに書く。書く時に一定のスピードを保つ。書道の練習をし、バランスのいい字を書く。	④言語能力の発達とともに思惟を発展させ、<u>想像力と創造的潜在力を引き出す</u>。徐々に真理や知識を尊重する科学的態度を育て、初歩の科学的な思考方法を身につける。
⑤<u>読みに濃厚な興味を持ち</u>、適度な難易度の文章を読める。主要な内容を理解しながら<u>思想感情を感じ取り、文章の表現方法を把握する</u>。それとともに語彙の蓄積を行う。標準語で正しく、流暢に、感情を込めて朗読することができる。黙読において一定のスピードを保ち、考えながら読むことができる。150編以上の優れた詩文（教材文を含む）を暗誦する。拾い読みを習い、必要に応じて関連資料の収集を行う。	⑤<u>自主的に探究的な学習を行い、実践のなかで国語を学習し、運用する</u>。
⑥良好な読書の習慣を身につける。授業外の読書量は五年制小学校では100万字とし、六年制小学校では150万字以上とする。	⑥漢語ピンインを習得し、標準語を話せる。3500の常用漢字を覚える、一定のスピードで正しくきれいに漢字を書ける。
⑦<u>自分の経験したことや感触と想像に基づき、文章を作成することができる</u>。また、内容の具体化、感想の真実性、表現の流暢さに注意しながら、誤字のないように文章を作成する。常用の句読点を正しく使える。注意深く観察を行い、真剣に思考し、勤勉に文章を書く習慣を身につけるとともに、自ら書いた文章を修正する習慣を身につける。	⑦独力で読みを行い、情感に基づく体験を重んじる。<u>言語の蓄積を行い、良好な語感を形成する</u>。多様な読みの方法を習得し、文学作品を理解し、鑑賞する。<u>高尚な情操と趣味に陶冶され、個性を伸ばし、自らの精神世界を豊かにする</u>。辞書などを使い、簡単な古典作品を読める。九年間の授業外読書総量は400万字以上とする。
⑧口語交流において礼儀を重んじる。話を聞く時、相手の伝えることを理解しながら、標準語を使い、自らの考えをはっきり伝える。	⑧自らの考えを具体的に、明確に、流暢に表現し、<u>日常生活の需要に応じて</u>、適切な表現方法を用いて文章を作成する。
	⑨話し合いなどの日常的な交流の基本的能力を持ち、様々な交流活動において、聞く・話す・交流の技能を習得する。礼儀正しく人間関係の疎通と社会的な付き合いを行い、協調する精神を発展させる。
	⑩国語の学習に、常用の辞書や事典などを使える。情報の収集・処理能力を身につける。

また、2000年大綱において新たに設けられた国語教育内容の第8項目については、2000年大綱の改定に確立された「国語は最も重要な交流道具である」という国語に対する認識に基づくものであり、実際の生活実践において国語を運用する際に必要とされる、児童の理解力と表現力の育成が重視されるようになったことがわかる。

　以上、2000年大綱に示されている国語教育の目標及び内容から、国語教育において、基礎知識・基本技能の習得だけではなく、国語学習と児童の生活実践との繋がりとともに、学習過程において、児童の興味・関心や、思考、想像、経験といった彼らの主体的な参加が求められるようになったことが明らかとなった。これらのことから、研究分野で提起されている学習過程における児童の「自主性、能動性、創造性」が重視されていることがうかがえ、2000年大綱は教師が教授・学習活動の中心とし、児童は受け身的な存在とされた従来の大綱より一歩前進したものと評価できよう。しかし一方で、2000年大綱において、児童に「愛国主義教育、社会主義思想道徳教育を受けさせる」[40]ことなど思想教育の目標も国語教育の目標に掲げられている。そのため、国語教育における思想教育の役割に対する期待が2000年大綱にも一貫して維持されていることがわかる。

2　2001年課程標準における国語教育の目標・内容

　2001年課程標準において、「児童が学習と発達の主体」[41]と明言され、国語教育の目標は児童の「国語素養の形成と発達」[42]にあるとされている。また、国語素養は「児童が他の教科目を学習するための基礎であり、児童の全面的発達と生涯にわたる発達を実現させる基礎でもある」[43]と認識され、その具体的内容は10項目にわたって示されている（表4-1）。第1項目は道徳情操、文化的品位、審美の情趣に関する規定であり、「愛国主義感情、社会主義道徳」だけではなく、「積極的な人生態度と正確な価値観」の形成や、「文化品位と審美の情趣を高める」ことも記されている。第2項目は文化に接する時に持つべき態度に関するものであり、中華民族の文化とともに、多

様な文化を理解し尊重することへの呼びかけも行われている。第3項目は国語学習に対する態度や方法に関するものであり、言語文字を愛する感情とともに、国語の学習に対する自信を持つことが求められている。第4項目は思惟、創造力と科学的精神を持つことに関するものであり、特に、児童の想像力と創造的な潜在能力を引き出すことが強調されている。第5項目は国語学習における児童自らの探究的学習や、国語学習と児童の生活の実践との繋がりを求めるものであり、第6項目はピンイン学習、識字の量や写字の技能に関するものである。第7項目は読みの技能・方法や授業外読書量に関する指示であり、「情感に基づく体験」という学習方法が提示されている（詳細は後述）。第8項目は作文に関するものであり、自らの考えや日常生活の必要に応じて文章を作成することが要求されている。第9項目は「話し合い」の際に注意すべき技能や礼儀に関するものであり、他者と「協調する精神」の育成を求めている。第10項目は参考資料などの使用や情報の収集と処理に関するものであり、時代の発展と社会の実情を踏まえた配慮が感じられる[44]。

　以上の10項目において、2000年大綱に示されたピンイン、漢字など言語事情や、読み・書きなど国語学習に必要とされる基礎知識・基本技能の習得、読みにおける児童の興味・関心、思考力や想像力の育成に関する要求も一貫して確認される。加えて、積極的な人生態度と正確な価値観の形成や、文化品位と審美の情趣を高めること、中国人としてのアイデンティティの形成、多様な文化を理解し尊重することによる国際的意識の育成、探究的な学習を行う態度、情報を収集し、処理する能力、問題の発見・分析・解決等の実践能力、他者と協調する精神の育成も新たに示されている。

　以上の内容から、2001年課程標準における国語教育の目標や内容を策定する際、国語の「知識・能力」だけではなく、児童の「情感・態度・価値観」と彼らの「学習過程・方法」についても注目されるようになったことがわかる。とりわけ、学習過程における児童の主体的な参加について具体的な検討が行われ、児童の情感に基づく体験、関連する情報を収集し・処理することや、他者との「話し合い」など児童の主体的な活動が大いに求められている。特に他者との「話し合い」が求められていることから、学習過程にお

ける児童の「自主性、能動性、創造性」の発揮だけでなく、他者と交流し、協調すること、すなわち教育研究分野で提起されている学習者の「社会性」の育成にも注目されていることがわかる。これらの点が、2000年大綱よりさらに進められた点となる。また、以上の10項目の内容から、2001年「基礎教育課程改革綱要」に確立された「主体性」にあたる内容と多くの共通点が確認される。そのため、2001年「綱要」に確立された「主体性」を尊重する教育理念は、2001年国語課程標準においても一貫されていることが言えよう。

しかし一方で、「学習過程において、（児童に）愛国主義の感情や社会主義道徳を培い、徐々に積極的な人生態度と正確な価値観を形成させる」[45]ことが、2001年課程標準における国語教育の目標の第1項目に掲げられている。このことから、思想教育の目標には国語教育の目標における最も重要な位置づけが与えられており、国語教育に思想教育の役割を求める教育方針は2001年課程標準にも貫かれていることがわかる。また、「積極的な人生態度と正確な価値観」という表現から、望ましいとされる規範的な態度や価値へと児童を導くというニュアンスは払拭できない。それ故、価値観の形成過程における児童の情感に基づく体験や彼らの探究的な活動は、こうした愛国主義の感情や社会主義道徳、そして積極的な人生態度と正確な価値観に規定された限定的なものであることが想定される。

第3節　「読み」の目標における児童「主体性」

1　2000年大綱における「読み」の目標

2000年大綱において「読み」に関する目標は、国語教育内容の第5項目及び第6項目（表4-1）に記されている。その内容を見てみると、読みに関する技能、習慣等、従来の大綱にも示されている内容に加え、「読みに濃厚な興味を持つ」こと、児童が作品の「思想感情を感じ取り」、「自らのニーズに応じて関連資料の収集を行う」ことなど、読みにおける児童の興味・関心や

思考・想像、関連資料の収集といった主体的な参加とともに、語彙を蓄積するための読書量に対する指示も新たに示されている[46]。読みにおける児童の興味・関心や、作者や登場人物の「思想感情を感じ取る」ために必要とされる彼らの思考・想像、またそれに伴う関連情報の収集など、児童の主体的な参加を重視することについては、「従来の大綱では、読みにおいて教師の主導のもとで行われる児童の作品に対する分析や作品の主要内容と中心思想（作品のなかに含まれる思想）の総括が重視されていた。そのため、国語科の人文精神や感性等が教師の退屈な分析と児童の受け身的な吸収によって完全に失われた」[47]と指摘されており、これに対する反省があったと考えられる。一方、読書量に対する指示は、「語彙の蓄積が少ないと読みの能力と作文の能力に影響を及ぼすだけではなく、児童の認識能力と思考能力の発達も制約されることになる」[48]と指摘されているように、語彙の蓄積が国語教育の基本と捉えられていることに由来するものである。また、語彙の蓄積とは児童が自主的な読書を通じて行う行動とされており[49]、学習活動における児童の自主性、能動性が求められていることがわかる。

次に、各学年の読みの目標を見てみよう（表4-2）。2000年大綱において示されている各学年における読みの目標をまとめると、①「前後文や実際の生活と結び付け」、「辞書の助け」を借りることで単語や文章の意味を理解することや、「句読点」の使いかたを認識することなど国語の基礎知識に関するもの、②「正確、流暢に、感情を込めて教材文」を朗読すること、「黙読」や読むスピードなど読みの技能に関するもの、③一年間で暗誦する作品の量や授業外読書量を示す学習の量に関するもの、④作品の主要内容の理解、作者の思想感情の体得や作者の表現方法の把握などに関するものであった[50]。

これらの内容において、従来の大綱より進展が見られた点とは、「作者の思想感情を理解する」ことなど、児童の思考、想像といった読みにおける彼らの主体的な参加を促す提言が新たに加えられたことである。特に高学年（5～6年生）に対して、「自らの見解を持つ」ことが要求され、「読み」における児童の独立した思考・分析力の育成が重視されていることがわかる[51]。しかし一方で、児童の主体的な参加を求めるこれらの提言が提言のままにと

第4章　課程政策にみる児童「主体性」　121

どまり、教育活動においてその実施に関する具体的な検討がされなかったことに、移行期大綱としての2000年大綱の限界が感じられる。

2　2001年課程標準における「読み」の目標

　国語教育における「読み」の位置づけや、「読み」における児童の主体的な参加の形態についてはじめて検討されたのは2001年課程標準である。
　2001年国語課程標準において、「読みは情報を収集し、世界を認識し、思惟を発展させ、審美体験を獲得する重要な方法である」[52]と述べられている。この内容から、国語の基礎知識や読みに関する基本技能・方法の習得を重んじてきた従来の大綱と異なる読みの理念が提示され、児童の全面的発達と生涯にわたる発達を実現させる基礎となる国語素養の育成における読みの有効性が謳われていることがうかがえる。また、「読みは児童が教師と対等に、作品との間で行う対話の過程である」[53]と記され、読みにおいて児童が教師と人格的に平等にあり、作品と対話状態にあることが主張されている。そして「児童は主体的な思考と情感活動のなかで理解と体験を深め、情感の陶冶を受け、思想の啓発を獲得し、審美の楽しみを味わう」こと、「児童の独特な感触、体験と理解を重んじる」ことなども提言されている[54]。これらの内容から、児童が読みの主人公と認められ、読みに関わる思考、理解、情感に基づく体験などはすべて児童の主体的な活動とされ、児童の独特な感触、体験と理解は尊重すべきものとされるようになったことがわかる。特に、「読みは児童の個性的な活動であり、児童の読みを教師の分析で代替すべきではない」（傍点筆者）という提言は教師の教授に対する指示でもあり、従来、「読み」の教授において正当化された教師による説明と分析に重点がおかれた「講読法」に対する否定を示すものであると推察される。
　2001年課程標準において、国語教育の「全体目標」に示されている第7項目は「読み」の目標にあたるものである（表4-1）。そこでは、読みの能力、読みの方法、語彙の蓄積、授業外読書量に関する規定など2000年大綱にも重視されていた内容が提示されている。それに加えて、情感に基づく体験、語

感の形成、作品を鑑賞することを通じて児童に高尚な情操を形成させること、彼らに自らの精神世界を豊かにすることなどの提言も示されている[55]。このなかでも特に、「情感に基づく体験」という記述に注目しておきたい。これは読みにおける児童の主体的な参加の形態に関する具体的な検討であり、児童は登場人物や作者になりきって、人物や作者の心情を想像し、体験することが求められているのである。

次に、各学年段階の「読み」の目標（表4-2）を見てみよう。2000年大綱で示された内容が2001年課程標準にも継承されている。そのうえ、2001年課程標準においては、多くの内容が追加されていることが確認された。

追加された内容を具体的に見ていくと、第1・2学年では「喜んで読みを行い、読書を楽しむ」、「美しい情景に憧れ、自然と生命に関心を持ち、興味を持つ人物や事柄について自らの考えと意見を持ち、喜んで他者と交流する」、「想像を広げ、情感に基づく初歩的な体験を獲得し、言語の美しさを感じ取る」などである。第3・4学年では「教材文のなかで自分の理解できないところについて質問する」、「美しい言語を感じ取り、人物の運命や喜怒哀楽に関心を持ち、自分自身の感触を他者と交流する」、「図書資料を集め、友達と交流する」などである。第5・6学年では「交流と討議のなかで、勇気を持って自らの考えを述べ、自らの判断を下す」、「自らの好き嫌い、崇敬、憧れ、同情などの感情を表現する」、「詩に描写されている情景を想像し、詩人の情感を体得する」などが挙げられる[56]。

これらの記述から、読みに対する児童の自主的な態度、読みにおける児童のニーズの多様性、個性や心理の独特性への配慮が見られる。とりわけどの学年でも、読みにおける児童一人ひとりの興味・関心、意欲、彼らの独立した思考・想像や情感に基づく体験、自らの意見、判断を持つ自信と勇気が求められており、学習過程における児童の「自主性、能動性、創造性」の発揮が問われていることがわかる。それとともに、他者と「交流」したり「討議」したりすることも求められ、児童の「他者」との関わりに焦点をあてた彼らの「社会性」の育成も重視されていることがうかがえる。

以上論じてきたように、2001年課程標準において示されている「読み」

表4-2　新旧課程政策における「読み」に関する規定の対照

	2000年教学大綱	2001年課程標準
第一段階　1・2学年	1．前後文や生活の実際と結びつけながら単語や文章の意味を理解する。 2．正確、流暢に、感情を込めた読みができる。黙読する時、声を出さず、指さしをしない。読みながら考える。毎年30編以上の優れた詩や文章を暗誦する。児童向けの読み物を読める。内容をおおむね理解できる。常用の句読点を認識する。二年間の授業外読書量は5万字以上とする。	1．喜んで読書を行い、読書を楽しむ。 2．標準語で正確、流暢に、感情を込めて教材文を朗読する。 3．黙読を学び、声を出さず、指さしをしない。 4．作品のなかの図や絵と関連させながら読書を行う。 5．前後文や生活の実際と結びつけながら作品のなかでの単語や文章の意味を理解する。読書を通して単語を蓄積する。 6．簡単な童話、寓話、物語を読み、美しい情景に憧れる。自然と生命に関心を持ち、興味を持つ人物や事柄について自らの考えと意見を持ち、喜んで他者と交流する。 7．童謡や簡単な古詩を朗読し、想像を広げる、初歩の情感に基づく体験を獲得し、言語の美しさを感じ取る。 8．教材文のなかに出てきた常用の句読点を認識する。読書のなかで、句点、疑問符、感嘆符にそれぞれの異なる語気が表れることを体得する。 9．好きなことわざや格言を蓄積する。優れた詩や文を50編暗誦する。授業外読書量は5万字以上とする。 10．図書を大事にする。
第二段階　3・4学年	1．前後文と繋げたり、辞書の助けを借りたりして単語や文章の意味を理解する。文章の主要な内容を把握し、文章の叙述の順番について考え、作者の思想感情を体得する。それとともに作者の表現方法を把握する。 2．正確、流暢に、感情を込めて教材文を朗読する。黙読には一定のスピードを保つ。毎年30編ぐらいの優れた詩文を暗誦する。 3．辞書や関連資料の助けを借りて、一定難度の文章を読める。また、文章の主要な内容を把握することができる。徐々に予習、復習、授業外読書の習慣を形成する。授業外読書量について、三学年では15万字以上とし、四学年では30万字以上とする。	1．標準語で正確、流暢に、感情を込めて教材文を朗読する。 2．初歩的な黙読の技法を身につける。教材文のなかの自分が理解できないところについて質問する。 3．前後文と繋げて単語や文章の意味を理解し、作品のなかでのキーワードとなる単語や文章の働きを理解する。字典、辞書を用いて、新しい単語の意味を理解する。 4．文章の主要な内容を把握し、文章のなかに現れている思想感情を理解する。 5．作品の主要な内容を復唱し、作品のなかの生き生きとしている人物像と美しい表現を感じ取り、人物の運命や喜怒哀楽に関心を持ち、自分の感触を他の人と交流する。 6．文章を理解する過程では、句点とコンマの異なる使用法を理解し、コロン、引用符の一般用法を理解する。 7．拾い読みを学び、文章の内容をおおむね把握する。 8．作品のなかに出てきた美しい単語や優れた叙述を蓄積しながら、授業外読書や生活のなかでも言語材料を獲得する。 9．優れた詩文を朗読し、朗読のなかでの情感に基づく体験を行い、内容を理解する。優れた詩文50編を暗誦する。 10．読書の習慣を身につけ、図書資料を集めたり、友達と交流したりする。授業外読書総量が40万字以上とする。

第三段階 5・6学年	1. 適切な難易度の文章を読める。文章の主要な内容を理解しながら深い意味を持つ単語を理解する。作者の思想感情を体得するとともに自らの見解を持ち、作者の表現方法を把握する。 2. 正確、流暢に、感情を込めて教材文を朗読する。教材文以外の文章についても、少ない準備で、正確、流暢に読める。黙読のスピードは1分間に300字以上とする。毎年20編以上の優れた詩文を暗誦する。 3. 拾い読みを学び、必要に応じて関連資料を集める。授業外読書量は毎年50万字以上とする。徐々に読みながらメモを取る習慣を養う。	1. 標準語で、正確、流暢に、感情を込めて教材文を朗読する。 2. 黙読のスピードは1分間に300字以上とする。 3. 辞書の助けを借りて読書を行う。文脈のなかで単語の意味を理解し、単語の感情的色彩を弁別する。 4. 前後文や自らの蓄積に繋げ、作品のなかに出てきた単語の意味を推測し、その表現効果を理解する。 5. 記述の順番を考えながら作者の思想感情を体験し、文章の基本的な表現方法を理解する。交流と討議のなかで、勇気を持ち、自らの考えを出し、自らの判断を下す。 6. 説明文を読む時、要旨を掴みながら文章の基本的な説明方法を理解する。 7. 叙述作品を読む時、事柄をおおむね把握し、心に印象深く残った場面、人物、事柄について詳細に記述できる。自らの好き嫌い、崇敬、憧れ、同情などの感触を表現する。詩を読む時、詩の意味をおおむね把握する。詩に描写している情景を想像し、詩人の情感を体得する。優れた作品に感化され、激励をもらい、美しい理想に憧れ、追求する。 8. 拾い読みを学び、知識面を拡大し、必要に応じて情報を集める。 9. 教材文を理解する過程において、並列符号、セミコロン、句点の異なる使用法を理解する。 10. 優れた詩文を朗読し、詩文の声調、リズムなどを通して作品の内容と情感を味わう。優れた詩文60編を暗誦する。 11. 図書館、インターネットを利用して探究的な読みを試みる。読書の範囲を広げ、授業外読書総量は100万字以上とする。

の目標においても、2001年「基礎教育課程改革綱要」に確立された「主体性」にあたる内容と共通した部分が確認され、2001年「基礎教育課程改革綱要」に確立された「主体性」を尊重する教育理念が「読み」の目標にも貫かれていることがわかる。特に、児童の主体的な参加に対する具体的な検討として、児童の情感に基づく体験や探究的な学習、そして児童間の交流と討論を促す提言が行われている。これらの提言は、国語教育における「知識・能力」とともに「情感・態度・価値観」に関する要求が、「読み」の内容、過程、方法にまで浸透する試みであり、2001年課程標準の新たな到達点として評価できよう。

　他方、2001年課程標準における「読み」の目標においても、作者の思想感情の体得や文章の思想感情を理解することに関する提言や、「優れた作品

に感化され、激励をもらい、美しい理想に憧れ、追求する」などの表現が見られる[57]。前節で行った国語教育の目標と内容の分析に照らし合わせてみると、ここでも国語教育における思想教育の役割を求める国の姿勢がうかがわれる。このことから、2001年「基礎教育課程改革綱要」と同様に、2001年課程標準においても、学習過程における情感に基づく体験、探究的な学習、そして他者との交流と討論といった児童の「主体性」を育成する具体的な方法に対する検討が、実質的には、国語教育における思想教育の目標を実現させるための有効な方法として位置づけられていることが見てとれる。

第4節　国語教科書の編成における児童「主体性」

　次は、国語教科書の編成における児童「主体性」について見ていきたい。まず、分析対象の国語教科書の選定について説明しておく。以下では、第6学年に焦点をあて、2000年教学大綱に基づいて編纂され、2002年に審査を通過し、2002年12月に人民教育出版社から発行された国語教科書『語文（第1刷）』（本章では2000年大綱版教科書と称する）、及び2001年課程標準に基づき編纂され、2004年に審査を通過し、2009年11月に人民教育出版社から発行された国語教科書『語文（第1刷）』（本章では2001年課程標準版教科書と称する）を分析の対象とする。人民教育出版社から出版された教科書を取り上げる理由は、中華人民共和国が成立して以降、長期にわたって人民教育出版社は国定教科書の出版を務めていた部署であり、教科書選定制度が導入された2001年基礎教育課程改革以降も、中国では人民教育出版社から出版されている教科書が教科書市場のシェアの6割以上を占めているからである[58]。人民教育出版社から出版された国語教科書の『語文』は学年ごとに編成され、各学年に上・下2冊からなり、小学校では合計12冊で構成されている。

1　2000年大綱版教科書の内容構成及び特色

　従来の国語教科書と比べて、2000年大綱版教科書は内容構成において

「単元」[59]を設置したことで内容のまとまりを明確にしたこと、また、学習過程における児童の興味・関心や、独立した思考、想像、児童どうしの交流や討論といった、児童の主体的な参加への配慮が行われていたことが特徴的である。

まず、2000年大綱版教科書の構成について見てみよう。各学年の目次からうかがえることは、どの学年の教科書でも1単元にいくつかの課（教材文）が収録され、1冊で合計30課前後が収録されていることである。低学年が識字を中心としているのに対して、中・高学年では教材文の学習がほとんどである。また、第4学年以降では、それぞれの単元の復習課題として「積み重ね・運用」が設けられているほか、その学年で重視されている「読み」に関する要求も目次に記載されている。

第6学年の「下」の『語文』を例にしてみると、6つの必修単元と1つの選択単元、6つの「積み重ね・運用」が設けられ、合計32編の作品が収録されている。また、「読み」に関する要求として「関連資料の収集に気をつけよう」、「読書の内容から想像を広げる」ことが目次に記されており、2000年大綱に示されている「読み」に関する要求が教科書にも反映されていることがわかる（表4-3）。

単元ごとに見ていくと、各単元において「導入語」、4〜5篇の精読・略読教材文[60]及び単元の復習にあたる「積み重ね・運用」という3つのパートが設けられている。精読教材文の前に「予習」、後ろに当該教材文の学習と密接に関わる「思考・練習」が設けられており、略読教材文の前に当該教材文に関する「閲読提示」が出されている。

各単元の「導入語」の部分において、各単元に収録されている教材文の簡単な紹介や学習の重点が提示され、その単元で求められる「読み」における児童の主体的な参加の具体的内容も提示されている。たとえば、6学年「下」の第1単元では「独立した思考をしながら読みを進め、自らの理解と感想について友達と交流し討論する」[61]ことが示されており、第2単元では、「単元学習に関連する資料を収集する」[62]ことが求められている。また、これと同じような内容が、精読や略読教材文の前に設けられている「予習」や

表4-3 中国の小学校国語教科書『語文』第6学年「下」の目次

2000年大綱版国語教科書	2001年課程標準版国語教科書	
1．卜算子咏梅（詞である、文章体の一種） 2．16年前の思い出 3．＊灯光 4．人民に奉仕する 5．＊延安，あなたの跡を尋ねる 　　積み重ね・運用一 6．オリンピックに憧れる 7．詹天佑 8．＊宋慶齢と家政婦 9．＊暮らしに向かう 　　関連資料の収集に気をつけよう 　　積み重ね・運用二 10．古詩三首 長歌行 七歩詩 出塞（遠く異境に行く） 11．草船借矢 12．将相和（将軍と宰相が仲良くする） 13．＊景陽岡（『水滸伝』のなかの話） 14．＊モンキーキングの誕生 　　積み重ね・運用三 15．古詩二首 示児 聞官軍収河南河北 16．匆匆（そそくさ） 17．＊忘れ得ぬ啓蒙 18．＊三グラムのラジウム 　　読書の内容から想像を広げる 　　積み重ね・運用四 19．マッチ売りの少女 20．貧乏人 21．＊ロビンソン・クルーソー 22．＊奴隷ヒーロー 　　積み重ね・運用五 23．世紀宝鼎（鼎とは古代の銅器の一種） 24．＊清明上河図 25．古代寓話二則 矛と盾 鄭人買履 26．＊関尹子教射 　　積み重ね・運用六 （以下は選読作品） 1．或る人（魯迅を記念する詩） 2．忘れ得ぬ授業 3．キリンのクリスマスキャンドル 4．半分の蝋燭 5．ラサ古城 6．名碑荟萃（えり抜きの碑を一堂に集まる） 生字表（本学期に学ぶ漢字のまとめ）	1．古文二編 学奕（囲碁を学習する） 両小儿辯日（太陽に関する弁論） 2．匆匆（そそくさ） 3．桃花心木 4．＊頂椀少年（頭にお椀を載せる少年） 5．＊指 　　口語交流・習作一 　　回顧・拓展一	第一組
	6．北京の春節 7．＊藏戯（チベットの伝統的な劇） 8．＊特色ある民族の住居 9．＊和田のウイグル族 　　口語交流・習作二 　　回顧・拓展二	第二組
	10．16年前の思い出 11．＊灯光 12．人民に奉仕する 13．＊一夜の仕事 　　口語交流・習作三 　　回顧・拓展三	第三組
	14．マッチ売りの少女 15．ファンカ（人名） 16．＊ロビンソン・クルーソー 　梗概 　精彩ある一コマ 17．＊トム・ソーヤ冒険記 　梗概< br>　精彩ある一コマ 　　口語交流・習作四 　　回顧・拓展四	第四組
	18．百年を超える美しさ 19＊．千年の夢は今宵で叶う 20．真理は百回の疑問の後に誕生する 21＊．ベストティーチャー 　　口語交流・習作五 　　回顧・拓展五	第五組
	総合性学習：忘れ難い小学校での生活 成長の足跡 別れを惜しむ	第六組
	10曲古詩・辞を収録	古詩辞の暗唱
生字表（本学期に学ぶ漢字のまとめ）	9篇作品を収録 生字表（本学期に学ぶ漢字のまとめ）	総合復習

（注）表中カッコ内は筆者注。また、「＊」がついている作品は略読教材文、それ以外は精読教材文である。

「閲読提示」においても示されている。

次に、精読教材文の後ろに提示されている「思考・練習」の質問も見てみよう。6学年「下」に収録されているすべての「思考・練習」に提示されている質問を分類してみると、児童の朗読、暗唱や、単語の写し取り、教材文内容のまとめなど国語の基礎知識・基本技能の習得を目的とするものとともに、①作者の思想感情を想像するもの、②作品について、児童どうしの話し合いを求めるもの、③作品について児童自身の感想や意見を求めるものが多く組み入れられており、読みにおける児童の思考、判断、想像、理解そして交流といった彼らの主体的な学習活動が求められていることがわかる[63]。

そして、「積み重ね・運用」という単元の復習にあたる部分は、児童の語彙の蓄積を図るために教材文以外の詩や単語を提示する「読読背背（読み及び暗唱）」、児童の読書量の増大を図るための「閲読（読み）」、児童に自らの感想等を書かせるための「作文」という3つの固定したパート及び児童間の交流を促す「口語交流」か、作文集あるいは企画書を作成したり、調査を行ったりするといった児童一人ひとりの主体的な参加を促す「実践活動」のいずれかで構成されている[64]。

このように、2000年大綱版教科書の編纂において、児童の理解、思考、想像、判断といった主体的な参加が求められ、学習過程における児童の「自主性、能動性、創造性」の発揮が注目されるようになったことが明らかとなった。それとともに、2000年大綱においては言及されなかった児童間での交流や討論といった活動も求められており、教育研究レベルでいう児童の「社会性」の育成に対する取り組みがうかがえる。児童の「社会性」の育成をめぐる教学大綱と教科書の編纂に見られるこのズレの存在は、2001年の基礎教育課程改革と密接に関わっている。つまり、2000年大綱版教科書は、2001年基礎教育課程改革を経た2002年に発行されたものである。そのため、2001年基礎教育課程改革の思想をある程度反映されているのである。児童の「社会性」をめぐる教学大綱とそれに基づき編纂された教科書との間に見られるこのズレのほかに、2000年大綱版教科書の編纂において社会主義の思想教育が重視されていることも特徴である。これについては、教科書の第

1課から第5課までに収録されている作品からうかがえる。これらの作品は、児童に社会主義国家や中国共産党を擁護するという社会主義的価値を育むためのものであり、国語科における思想教育の役割を重視する姿勢が2000年大綱版教科書の編成にも貫かれていると言えよう。

2　2001年課程標準版教科書の内容構成及び特色

　2000年大綱版教科書の編纂からはじめられた「単元」を設定する方針が、2001年課程標準版教科書の編纂にも継承されている。表4-3に示すように、2001年課程標準版教科書の6学年「下」において、6つの単元（組）から合計21篇の教材文が収録されている。これらの単元は、人生を感じる単元、民族の風習を紹介する単元、愛国主義を謳う単元、多文化理解を求め外国の名作を紹介する単元、科学的精神の大切さを呼びかける単元、卒業を目の前に小学校での生活に別れを告げる単元となっている。この6つの単元に続き、「古詩辞暗唱」及び「総合復習」の単元が1つずつ組み入れられている。「古詩辞暗唱」単元においては児童が暗唱するための古詩辞10篇を収録しており、必修単元とされている。他方、「総合復習」単元は学期末に行われる総合復習の参考資料として、9篇の文学作品が収録されている選択単元のことである。

　2000年大綱版教科書と比べ、2001年課程標準版教科書の特徴として、①国語教育内容が精選され、中学・小学の接続にも配慮されていること、②識字量やピンインの学習に関する調整が行われたこと、③教材文の選択において現代生活の実状を反映し、児童の生活により近づけるものを取り入れていることが挙げられる[65]。

　特に、教材文の選択において現代生活の実状を反映し、児童の生活により近づけるものを取り入れていることは2001年課程標準版教科書の目玉的特徴であり[66]、この特徴はとりわけ6学年「下」に収録されている第2単元と第6単元の編纂からうかがえる。

　第2単元は「民族風習」を紹介する単元である。この単元の学習を通じて

児童に中国の各少数民族の風習を理解させ、民族文化の独特な魅力や豊かさを感じ取らせ、民族風習の特徴を表す作者の表現方法を感得させ、身近に存在する民族風習を調べさせることを目的としている。本単元において、北京の春節(旧正月)の様子を紹介する精読教材文の「北京の春節」に続き、略読教材文の「藏劇(チベット族の劇)」、「特色ある民族の住居」、「和田(地方名)のウイグル族」といった劇や、建築と生活習慣の面において異なる民族の特徴を紹介する作品も収録されている。

「北京の春節」の「思考・練習」に提示されている質問は、児童に自らがどのように春節を過ごしているのかについて考えさせ、発表させることを中心に編成されている。また、本単元に収録されている他の3つの略読教材文の導入の部分においては、それぞれ「藏劇の特徴を話してみよう」、「客家(方言を使う漢民族の一支流)民族、傣家(中国の少数民族の1つ)竹楼の特徴を話してみよう」、「和田で生活しているウイグル族の人々の特徴を考えて、興味を持つ内容について友達と交流してみよう」などと記述されており、児童の実際の生活との繋がりや彼らの興味・関心を意識し、彼らの独立した思考や主体的な参加とともに他者との交流を促している。そして、本単元の復習にあたる「口語交流・習作(作文)」においては、児童たちに少数民族の風習を調べさせるとともに、彼らに教材文の学習で習得した表現の方法を使って作文を書かせたり、友達と交流させたりすることが求められている[67]。

他方、第6単元は「総合的学習」[68]単元であり、児童の国語の総合運用能力を高めることを目指して、2001年課程標準において新しく設けられた国語学習の領域である「総合的学習」に対応して設けられた単元である。本単元の主題は「小学校での生活に別れを告げる」というものであり、総合性のある学習活動を行うことで、母校や先生、友達に別れを告げることを主旨としている。本単元の学習はさらに「成長の足跡」と「別れを惜しむ」の2つの部分に分かれて編成されており、それぞれの学習活動に関連する作品がいくつか提供されている。これらの作品のなかに、小学校生活での思い出に関するものや、児童詩、手紙、講演稿等が含まれている。まず「成長の足跡」の部分では、児童に小学校での生活を思い出させることを主旨としており、

表4-4　新旧教科書における「思考・練習」の重点の比較表

	朗読・黙読	暗唱	理解	想像・感想	表現	交流・討論	写し取り	選択問題	作文
2001年課程標準版教科書（精読作品10篇）	13	4	21	12	12	5	5	5	5
2000年大綱版教科書（精読作品14篇）	14	7	13	4	11	8	8	15	2

2000年大綱版教科書と2001年課程標準版教科書を参照し、筆者が作成した。

彼らに様々な表現方法を使って小学校での生活を記録させることを中心としている。次に「別れを惜しむ」の部分は、児童間でお互いに激励の言葉を贈らせること、児童に母校に貢献するための提案書やアドバイスを書かせることや、親睦会を企画させることなどを中心に編纂されている[69]。

　この2つの単元の編纂からわかるように、2001年課程標準版教科書の単元学習において、児童の興味・関心や彼らの実際の生活が重視され、国語学習に関する「聞く、話す、読む、書く」といった能力の育成が、彼らの主体的な学習活動で統合されているのである。特に、第6単元において、児童の主体的な参加とともに他者との交流と討論が大いに求められているだけではなく、学習の具体的内容、形態、方法、学習成果の報告の形についても児童に一定の裁量を与えているのである。このことから、2001年課程標準版教科書はその編成において、児童の「主体性」に対する配慮が2000年大綱版教科書よりも充実していると言えよう。

　さらに、精読教材文の後ろに提示されている「思考・練習」に示されている質問の構成（表4-4）からも2001年課程標準版教科書のこうした特徴が確認できる。表4-4に示しているように、2001年課程標準版教科書の編纂において、学習活動における児童の「理解」、「想像・感想」、「表現」などの力の育成が、2000年大綱版教科書よりも重視されていることがわかる。他方、児童の交流と討論を求める回数が、2000年大綱版教科書より少ないように見える。しかし、2001年課程標準版教科書のすべての単元の復習にあたる「口語交流・習作（作文）」や「回顧・拓展（振り返りと発展）」においては、児童一人ひとりの主体的な参加とともに、児童と他者との交流を求める編成

になっている。そのため、全体的に見ると、児童の交流と討論を求める回数についても、2001年課程標準版教科書は2000年大綱版教科書を上回ることとなる。

以上に述べてきたように、2001年課程標準版教科書の編纂から、教材文の選択において現代生活の実状を反映し、児童の生活により近づけるものを取り入れているだけではなく、児童を学習の主体と位置づけ、学習過程における児童の興味・関心、思考、想像、情感に基づく体験や探究的な学習活動、他者との交流と討論が大いに求められていることが明らかとなった。特に、学習の具体的内容、形態、方法、学習成果の報告の形についても児童に一定の裁量を与えており、児童の「主体性」に対する配慮が2000年大綱版教科書よりも充実しているのである。その一方で、2001年課程標準版教科書においても、「積極的な人生態度や正確な価値観の形成」を目指す人生を感じる単元や、「愛国主義の感情、社会主義道徳」を育むための愛国主義を謳う単元が収録されている。そのため、2001年課程標準版教科書の編纂からも、国語教育において思想教育の役割が重視されていることがわかる。

おわりに

本章での分析によって、中華人民共和国が成立して以降長い間、国語教育において、国語の基礎知識・基本技能の習得か、それとも政治思想教育の目標の実現か、どちらにより重点をおくかをめぐって、国語課程政策の修正が繰り返されてきたことが明らかになった。しかし全体的に見ると、国語の基礎知識・基本技能の習得とともに政治思想教育の目標の実現が、国語課程政策を策定する際の動かぬ二本柱となっている。また、このような教育方針に基づき、国語の基礎知識・基本技能の習得とともに、国語教育を通じて政治思想教育の目標の実現を目指して、教授・学習過程における教師の分析と説明が重視される一方、学習過程において児童が受け身的な存在とされ続けてきた。

国語学習過程において児童が受け身的な存在とされるこの状況は、「素質

教育」の全面的推進を図る一環として公布された2000年移行期国語教学大綱によって打破された。すなわち、2000年大綱において初めて児童の生涯にわたる発達が注目され、国語の基礎知識・基本技能の習得だけではなく、児童の創造力と個性の育成や、学習過程における児童の興味・関心、思考、想像、経験など児童の主体的な参加が重視されるようになった。これらのことから、2000年大綱においては、学習活動における児童の「自主性、能動性、創造性」の育成に重点がおかれていることがわかる。そして、2000年大綱で芽生えた児童の主体的な参加に対する重視がさらに進められたのが、2001年課程標準である。

　2001年課程標準において、国語教育の目標や内容を策定する際、国語の「知識・能力」に加え、国語学習における児童の「情感・態度・価値観」と「学習過程・方法」についても注目されるようになったことが特徴である。とりわけ、「読み」の目標において、学習過程における児童の主体的な参加に対する具体的な検討として、児童の情感に基づく体験や彼らの探究的な学習とともに、他者と交流し、討論することといった児童の主体的な活動が大いに言及されている。このことから、学習過程における児童の「自主性、能動性、創造性」だけでなく、児童が他者と交流し、協調することなど他者と関わる際の「社会性」の育成も重視されるようになったことがわかる。これらの点は2000年大綱より進展を見せた点となる。また、こうした特徴を持つ2001年課程標準における国語教育の目標と内容から、2001年「基礎教育課程改革綱要」に確立された「主体性」にあたる内容と多くの共通点が確認され、2001年基礎教育課程改革に確立された「主体性」を尊重する教育理念が、2001年国語課程標準にも貫かれていることがわかる。

　しかし一方で、2001年課程標準においても、国語教育の目標として、児童に「愛国主義の感情、社会主義道徳」を育成するといった従来の思想教育の目標には、引き続き重要な位置づけが与えられている。さらに、2001年課程標準に盛り込まれている「主体性」を尊重する教育理念とともに、思想教育の役割を重視する教育方針は、2001年課程標準に依拠して編纂された国語教科書にも反映されている。そのため、2001年基礎教育課程改革を経

て、国語課程政策において、児童の情感に基づく体験、探究的な学習、そして他者との交流と討論といった「主体性」を育成する具体的な方法に対する検討が、実質的には「愛国主義の感情、社会主義道徳」といった思想教育の目標を実現させるための有効な方法として位置づけられていると言えよう。

なお、思想教育という目的を達成させるために、教授・学習過程における教師による児童に対する誘導という教授方法を適用する伝統を持つ中国において、2001年基礎教育課程改革を経て、教育政策や課程政策に確立された「主体性」を尊重する教育理念とともに、思想教育の目標の実現が実際の教育実践においてどう図られているのか、そのなかでどのような課題が存在するのかについて検討する必要がある。これについて、第5章において、小学校における国語の教育実践を事例に具体的に見ていく。

注

1　杉本均・李霞「中国と日本の道徳教育に見られる児童・生徒主体性――その理念と実践に関わって」『京都大学大学院教育学研究科紀要』第52号、2006年、pp.27-46。また、2008年6月13日に北京で行った筆者の北京師範大学教授、道徳教育の専門家である檀伝宝に対するインタビューからも同じ示唆を得られた。なお、檀氏は『品徳と生活』・『品徳と社会』課程標準の作成に直接関わる人物である。
2　中華人民共和国建国直後の1950年代初頭、各教科の課程政策が『課程標準』と称されていたが、1956年から『教学大綱』と変更され、2001年以降、また『課程標準』に変更された。
3　買弁とは、外国商人が貿易の仲介人として雇った中国人のこと。楠山によると、外国の手先というような意味合いで使われている。楠山研『現代中国初中等教育の多様化と制度改革』東信堂、2010年、p.49。
4　http://baike.baidu.com/view/428031.htm アクセス日：2012年5月21日。
5　楠山研、前掲書、p.49。
6　1950年6月25日に始まった朝鮮戦争は当初、朝鮮人民軍が優勢であったが、アメリカ軍を主体とした国連軍の仁川上陸作戦により形勢は逆転し、国連軍は平壌を占領、一部部隊は鴨緑江の戦線に達した。1949年に成立したばかりの中華人民共和国は当初直接戦争に反対していたが、国連軍の接近のために参戦を決意し、「人民志願軍」と称する参戦部隊を朝鮮に派遣した。
7　「三反五反」運動とは1951年から1953年に中華人民共和国で実施された政治キャンペーン運動のことである。「三反」は1951年に提唱された国家機関または国営企業に対する指針であり、「反汚職」、「反浪費」、「反官僚主義」を意味する。「五反」は1952年に提唱された私営企業に対する指針であり、「反行賄」（賄賂しない）、「反偸税漏税」（脱税しない）、「反偸工減料」（仕事の手抜きをせず、原料をごまかさな

い）、「反盗騙国家財産」（国家財産を盗まない）、「反盗窃国家経済情報」（国家経済情報の悪用をしない）を意味する。
8　中華人民共和国教育部『小学語文課程暫定標準（修正草案）』1952年。
9　崔巒「小学語文教学大綱的演変」http://chinese.cersp.com/ アクセス日：2011年11月20日。
10　同上。
11　同上。
12　中華人民共和国教育部基礎教育司語文課程標準研制組『全日制義務教育語文課程標準（実験稿）解読』湖北教育出版社、2002年、p.55。
13　崔巒、前掲論文。
14　「反右派」は中国共産党が中華人民共和国建国後、1957年に起こした社会各階層の群衆を巻き込む大型政治運動である。運動において中国共産党内部及び外部の多くの人々に「右派」という身分を確定した。また「右派」の判断基準とは、以下のようなものである。すなわち、①反社会主義制度、②反無産階級政治、反民主集中制度、③反中国共産党の指導、④反社会主義及び反中国共産党を目的に行う人民の結束に対する分裂活動、⑤反社会主義や反中国共産党の集団を組織し、参加するなどである。
15　大躍進は、社会主義改造済みの中華人民共和国にて、マルクス主義の原則を重視しながら、数年間で経済的に米英を追い越すことを目的に、1958年から1960年までの期間に施行された農工業の大増産運動である。しかし、農村の現状を無視した強引なノルマを課したうえ、三年間にわたる自然災害も重なった結果、推計2000万人から5000万人ともいわれる餓死者を出し大失敗に終わった。ただし、失敗の原因はマルクス主義そのものとは無関係なものであり、具体的な経済の発展方法にあるとして、のちに中国共産党は国民に謝罪を行い、毛沢東は自己批判を行って国家主席を辞任した。
16　熊生貴『語文教学実施指南（小学巻）』華中師範大学出版社、2003年、p.2。
17　「大躍進」運動に伴って生じたカリキュラム、教育改革の大衆運動である。そこでは、学校と工場・農場が併設されて、授業と並行して労働が行われたり、学校が無理に増設されたりした。その特徴とはカリキュラムの実施において「高指標」を追い求め、「大躍進」の方式で教育問題を解決しようとすることである。学校教育において、教育の規律と教科の特徴が無視されていた。
18　崔巒、前掲論文。
19　同上。
20　同上。
21　黄忠敬「我国基礎教育課程政策：歴史、特点与趨勢」『課程・教材・教法』2003（1）、2003年、p.22。
22　崔巒、前掲論文。
23　現在の中国教育部である。中国教育部は中国国務院に属する行政部門であり、教育、言語、文字事業を管轄する部門である。1949年10月、中央人民政府教育部として発足したが、1954年9月の国務院設置によって、中華人民共和国教育部に改組された。1985年に国家教育委員会として改組されるが、1998年に中華人民共和国教育部として再設置され、今日に至っている。
24　同上。

25 同上。
26 中華人民共和国国家教育委員会『九年義務教育全日制小学語文教学大綱（試用）』1992年。
27 同上。
28 中華人民共和国教育部『九年義務教育全日制小学語文教学大綱（試用修訂版）』2000年。
29 楊再隋「転換観念澄清認識——学習『九年義務教育全日制小学語文大綱（試用修訂版）』的体会」http://www.doule.net/teacher/jsyyw/jhjc/ アクセス日：2005年6月16日。
30 中華人民共和国教育部、前掲書、2000年。
31 同上。
32 同上。
33 同上。
34 楊再隋、前掲論文。
35 同上。
36 中華人民共和国教育部、前掲書、2000年。
37 同上。
38 同上。
39 崔巒、前掲論文。
40 中華人民共和国教育部、前掲書、2000年。
41 中華人民共和国教育部『全日制義務教育語文課程標準（実験稿）』、北京師範大学出版社、2001年、p.2。
42 同上書、p.1。
43 同上。
44 同上書、p.4。
45 同上。
46 中華人民共和国教育部、前掲書、2000年。
47 楊再隋、前掲論文。
48 中華人民共和国教育部基礎教育司語文課程標準研制組編、前掲書、p.63。
49 中華人民共和国教育部、前掲書、2000年。
50 同上。
51 同上。
52 中華人民共和国教育部、前掲書、2001年、p.17。
53 同上。
54 同上。
55 同上書、p.4。
56 同上書、pp.5-9。
57 同上書、pp.7-9。
58 森茂岳雄「現代中国の教育課程改革と新しい社会系教科の構造と特色」『中国の教育課程改革と新しい教科書-歴史教科書を中心に』（最終報告書）諸外国の教科書に関する調査研究委員会、2006年、p.21。
59 中国では「課」の中には、「教材文」、「思考・練習」、「漢字」が一まとまりとして収録されている。効果的な指導のために、作品のスタイルや含まれている思想価

値の似ているいくつかの「課」を一まとまりにしたものが「単元（組）」として教科書の中に位置づけられている。
60 『語文』に収録されている教材文は精読作品と略読作品に分けられている。精読作品（教師の講読を中心）に2時間、略読（児童の自主的な読みを中心）作品に1時間が割りあてられている。
61 人民教育出版社『語文（第4刷）』人民教育出版社、2005年11月、p.1。
62 同上書、p.23。
63 同上。
64 同上。
65 「人教版義務教育課程標準小学語文実験教科書簡介」http://www.pep.com.cn/ アクセス日：2011年11月16日。
66 同上。
67 人民教育出版社『語文（第1刷）』人民教育出版社、2009年11月、pp.23-44。
68 2001年『国語課程標準』において新しく設けられた国語学習領域の「総合的学習」について、「児童が興味のある主体的な活動を通して語文の素養を高め、主体的に探究し、仲よく協力し合い、進んで新しいものを作り出す精神を培う最も重要なルートである」という教育部の解説がある。『全日制義務教育語文課程標準（実験稿）』2001年、p.18。
69 人民教育出版社、前掲書、2009年11月、pp.122-143。

第5章
教育実践における児童「主体性」
——小学校における国語授業の事例研究

はじめに

　第4章で述べたように、2001年基礎教育課程改革をきっかけに、教育政策に確立された「主体性」を尊重する教育理念は国語の課程政策にも貫かれている。それとともに、2001年基礎教育課程改革を経ても、「愛国主義の感情」や「社会主義道徳」の育成といった思想教育の目標には、引き続き国語教育の目標における重要な位置づけが与えられ続けてきた。これらのことから、国語教育における児童の「主体性」の育成は実質的には、国語教育における思想教育の目標を実現させるための有効な方法として捉えられていることが明らかとなった。

　本章では、思想教育という目標を達成させるために、国語の教授・学習過程における教師による児童に対する誘導という教授方法を適用する伝統を持つ中国において、2001年以降、教育政策に確立された「主体性」を尊重する教育理念とともに、思想教育の目標が実際の国語の教育実践のなかでどのように実現されているのかを究明し、中国における「主体性」育成の現状と課題を明らかにすることを目的とする。この目的を達成するため、本章では小学校における6学年の国語の教育実践を事例に分析を行う。本章の流れとして、まず、2001年基礎教育課程改革推進の状況や調査対象について紹介を行う。次に、2007年3月に授業観察を行った小学校6学年の「マッチ売りの少女」の実践を事例に、学習目標や教師の指導言の特徴、教師と児童の間の言葉のやりとり、児童の「読み」に焦点をあてて分析を行う。続いて、その他の小学校数校において観察した授業を取りあげ、これらの授業に共通す

第5章　教育実践における児童の「主体性」　139

る特徴を明らかにする。その後に、2011年11月に筆者が中国で行った追加調査の状況について検討する。最後に、本章で取り扱った教育実践についての調査結果を踏まえて考察を行う。

第1節　2001年基礎教育課程改革推進の状況及び調査対象

　2001年に中国で行われた基礎教育課程改革の推進は政策レベルでは2段階に分けられる。まず、第1段階は、2001年9月の新学期の開始と共に新しく作成された課程標準などに基づく教育実践が、教育部により指定を受けた実験拠点校で開始された「改革移行期」であり、2005年7月までの期間となっている。第2段階は2005年9月以降、第1段階において実験拠点で行われた教育改革の経験が全国範囲で普及する「改革定着期」であり、現在（2011年）に至る。

　ここでは、特に2001年基礎教育課程改革をめぐる新しい教科書の編纂事情について説明しておく。2001年7月に初等・前期中等教育段階における各教科の課程標準が公布されたことで、基礎教育課程改革が正式にスタートされたが[1]、2001年課程標準に依拠した各教科の新しい教科書の編纂は、課程標準の公布より遅れて行われることになっていた。その理由は、2001年の基礎教育課程改革に掲げられている「主体性」を尊重する教育理念が、中国で定着している従来の教師・教材中心の教育理念と異なる斬新なものであったためである。新しい教育理念を明瞭に反映する教科書を作成するために、時間をかけて編纂する作業が必要だとする国の方針があった[2]。これについて、国語教科書を例にとってみると、現在教科書市場の大半を占める人民教育出版社は、2001年国語課程標準に基づき、新しい国語教科書の編纂に関する構想案を全国中学・小学教材審査委員会に提出し、審査に通ったのは2004年のことであった。その後、編纂作業が正式に始動し、小学校全学年の12冊の新しい国語教科書の第1次印刷が実現されたのは2009年の11月であり、全国の小学校で一斉にこの新しい教科書に切り替えられたのは2010年の春であった。つまり、2001年基礎教育課程改革がスタートしてから

2009年までの間、移行期大綱の2000年国語教学大綱に依拠して編纂された国語教科書が使用され続けていた。

他方、2001年基礎教育課程改革の方向を示す「基礎教育課程改革綱要」や各教科の課程標準に示されている新しい課程の理念、とりわけ、新しい課程で求められているカリキュラム観や教育観、教授方法、教育評価を行う際に注意すべき事項などについて、全国の初等・前期中等教育段階の教師に一刻も早く共有させるために、2002年7月に教育部は一斉に、全国の初等・前期中等教育段階の教師を対象に教員研修の資料を配布した。その後、これらの資料をもとに、省、市、さらに学校レベルでの教員研修が全国範囲で行われた。そのため、「改革移行期」から早くも全国の初等・前期中等教育段階において、教育改革の理念や目標、並びに教育実施や評価における注意事項について教師の間では一定の認識があったと考えられる。

児童の「主体性」がどの程度尊重されているのかについて、その実態を把握するため、2007年3月12日から3週間、2011年11月1日から3日までの3日間の2回にわたって、筆者は中国の複数の小学校において授業観察を行った。中国の教育実践を代表する典型的な事例を選ぶため、経済発展のスピードが相対的に速い沿海地域、経済発展が相対的に遅れている西部地域を除いて、中国大陸の中部に位置する湖南省に着眼した。そして、実験学校や農村学校を対象外とし、一般的な公立小学校として、湖南省A市で2校、B市で1校、C市で5校を選定した。

第2節では、2007年3月26日、27日にC市CW小学において筆者が行った授業観察をもとに、6年生の国語の授業「マッチ売りの少女」の課（2時間）について詳細に検討する。中国での「課」は日本の教科書における単元に相当し、「教材文」、「思考・練習」、「漢字」が一まとまりとして収録されている。さらに、効果的な指導のために、作品のスタイルや思想価値の類似するいくつかの「課」を一まとまりにしたものが単元として教科書のなかに位置づけられている。授業観察を行った「マッチ売りの少女」は小学校6年間の学習を締めくくる文学作品の単元に収録されているため、文学の読みにおいて、中国の小学校の最高段階で求められている学習目標を見出せる。また、

「マッチ売りの少女」という作品を掲載することは国語教材の主流となっており、2001年基礎教育課程改革が行われた後でも「マッチ売りの少女」という作品は精読教材文として重要な位置を占め続けている。そのうえ、「マッチ売りの少女」が収録されている6年生の国語教科書の『語文』は、現在教科書市場の大半を占める人民教育出版社から出版されたものである。これらのことから、ここで選定している「マッチ売りの少女」という作品の授業は、中国の小学校6年生の国語教育の現状を代表しうるものと考えられる。

　先述の新しい教科書編纂の事情もあり、本章で取り上げる「マッチ売りの少女」という授業実践において使用されていたのは2000年大綱版教科書である。第4章での分析で明らかにしたように、2000年大綱版教科書と2001年課程標準版教科書とも、その編纂においては児童が学習の主体として認識されており、学習過程における児童の興味・関心や思考、想像、経験など彼らの主体的な参加とともに、他者と交流し討論することが重視されている。ただし、2001年課程標準版教科書の編纂においては、学習過程における児童の情感に基づく体験や探究的な学習、また他者との「話し合い」など児童の「主体性」の発揮についての具体的な要求が示されており、彼らの「主体性」に対する配慮がより充実している。このことは、2000年大綱版教科書より前進した点として評価できる。

　さらに、2001年国語課程標準において謳われている児童の情感に基づく体験や彼らの探究的な学習、児童間の交流と討論の必要性について、2007年には教育現場で働く教師たちに認識されていることが、授業観察と同時に筆者が行った教師たちに対するインタビューから確認された[3]。つまり、2007年に筆者が授業観察を行った際に、2000年大綱版教科書が使われているものの、2001年課程標準で提唱されている児童の「主体性」を尊重する教育理念が実際に教育現場の教師に認識されている状態にあった。

　なお、CW小学校はC市政府が設立した学校である。創立は1949年でC市の住民の子どもを受け入れる公立校として運営を開始した。調査時点の2007年には、1つの学年に4つのクラスがあり、1クラスの平均人数は60人

前後である。「マッチ売りの少女」の課の指導にあたった教師は、30代の女性教師Zさんである。Zさんは教職12年のベテラン教師であり、6学年国語科の主任である。また、中国では30代の女性教師は中堅の地位にあるため[4]、Zさんを選定することで教師歴と性別の違いが教授方法に及ぼすばらつきを避けられると考えられる[5]。

第3節では、「マッチ売りの少女」のほかに、2007年3月に筆者が湖南省の公立小学校数校において観察した授業の状況を紹介し、第4節では、2011年11月に筆者の行った追加調査について検討する。

第2節　「マッチ売りの少女」の事例研究

1　「マッチ売りの少女」の学習目標

「主体性」を尊重する教育理念とともに、思想教育の目標の実現が実際の国語の教育実践においてどのように構想されているのかを究明するために、中国における教師の教授活動の手引きとして使われ続けてきた『教師教学用書』を手掛かりに見ていく。この『教師教学用書』は各教科の教科書とセットになっており、教科書に収録されている各「課」の学習目標、教師の教授活動に関するアドバイス・注意点などを詳細に示すものである。2001年基礎教育課程改革が行われた後も、この『教師教学用書』が依然として教師が教授活動を行う際に依拠すべき存在とされている。そのため、『教師教学用書』について分析することで、2001年以降、国の求めている学習目標とともに、教師の教授活動に対する要求や指示などを捉えることができる。

先述のように、「マッチ売りの少女」という作品を掲載することは国語教材の主流となっており、2000年大綱版教科書においても、2001年課程標準版教科書においても「マッチ売りの少女」という作品は外国文学作品という単元の最初の位置に収録されている。次は、『教師教学用書』を参照し、2000年大綱版教科書及び2001年課程標準版教科書における「マッチ売りの少女」を含む外国文学作品単元の位置づけを見てみよう。

この単元について、2000年大綱版『教師教学用書』及び2001年課程標準版『教師教学用書』[6]において、「外国の文化に触れ合い」、「自立した読書能力」の育成を目指し、児童が「作品の内容に溶け込み」、「作品の内容からさらに想像を広げていく」ことが記されていることは共通しており[7]、児童の自立した読みや読みの過程における彼らの想像が重視されていることがうかがえる。一方で、2000年大綱版『教師教学用書』において、本単元の学習の主旨として「児童が読書を通じて、……これらの作品のなかに含まれている強烈な人道主義的精神に感銘するように導く」[8]と述べられ、児童に「人道主義的精神」という特定の価値を意識させることを明言している。また「導く」という表現から「読み」における児童の学習活動は教師に導かれるものと認識されており、教授・学習活動において教師が主導的な立場におかれていることが読み取れる。他方、2001年課程標準版『教師教学用書』では、本単元の学習の目標について「児童に人物の思想感情を感じ取る能力を育成」し、児童の「読書における視野を広げる」こと、児童に「人物の運命に関心を持たせる」こと、児童の「多様な文化に対する理解」を図ることなどが示されている[9]。これらの記述から、児童は学習と発達の主体と位置づけられるようになり、とりわけ「読み」における彼らの主体的な参加が求められていることがわかる。

続いて、「マッチ売りの少女」の課に関しては、2000年大綱版『教師教学用書』において示されている「教材の説明」、「学習目標」、「教学に関するアドバイス」について具体的に見ていこう。まず、「教材の説明」において、少女がマッチをつけるたびにいろいろな幻想を見た場面と、少女がお婆さんと一緒に飢餓と苦しみのないところへ飛んでいった場面の2場面が重点的に取り上げられている[10]。前者について「幻像、幻影は実物によらないうそ偽りの感覚である」と説明された後に「これらの幻影と少女の現実的な立場とは強烈な対比を形成しており、さらに少女の悲惨さを際立たせる」と結論づけている。一方、後者については、「少女が生きている限り、寒さ、飢餓、苦しみに襲われ続けることを意味しており、作者はこのような書きかたで少女の悲惨な境遇について不平を訴えている」と説明がなされている[11]。少

女は抑圧され、悲惨な生活を強いられている同情すべき存在と描かれており、また、作者がこの作品を書く意図について、当時の不平等な社会に対する批判であると明言していることから、特定の価値の言明が感じられる。

次に、「学習目標」において、「新しい漢字10個を習得し、7つの単語を正確に書ける」、「正確、流暢に、感情を込めて作品を朗読する」、「正確に作品の内容を理解し、マッチ売りの少女の悲しい運命を感じ取り、作者の思想感情を理解する」、「現実に基づいて想像を表す作者の表現方法を理解する」という4つの目標が示されている（傍点筆者）[12]。これらの内容から、学習目標において、国語の基礎知識や、読みの技能の習得が目指されていることがわかる。それとともに、少女の運命を感じ取り、作者の思想感情を理解するために、読みにおける児童の感情移入や自由な思考と想像、体験が求められていることがうかがえる。

また、「教学に関するアドバイス」においては、「児童の個性的な読みや独特な感受性と体験を尊重し、すべての児童に読み、話しの機会を与えるように工夫する」[13]と書かれており、児童の自由な読み取りや創造的な読み、話し合いなど「主体性」のある活動が求められていることがわかる。しかしながら、「精読を行い、少女の悲しい運命と苦しみを重点的に認識させる」[14]とも書かれている。そのため、先述した「学習目標」に求められている児童の「感情を込めて作品を朗読する」こと、また児童の思考・想像、個性的な読みや独特な感受と体験は、すべて「少女の悲惨な境遇について不平を訴えている」作者の思想感情を理解させることに制限されていることが読み取れる。

ここで特筆すべきは、本課の「思考・練習」に提示されている以下の課題である[15]。すなわち、「作品の最後の3段落を繰り返して読み、前後文に繋げ、友達と一緒に以下のことについて討論する。①『寒さ、飢餓と苦しみのないところへ飛んでいった』という言葉の意味は何か？②『彼女はかつて幸せであり、お婆さんと一緒に幸せな世界に行った』という文中の2つの『幸せ』についてどう理解すべきか？」[16]という課題である。

以上の課題が示すように、ここでは「読み」における児童の自由な読み取

りや想像活動が問われている。しかし、『教師教学用書』において、この2つの「幸せ」について以下のように解釈されている。1つ目の「幸せ」とは「少女は死ぬ前に美しい幻覚を経験したため幸せ」であり、2つ目の「幸せ」とは「少女は死ぬことによって、寒さ、飢餓と苦しみから解放され、徹底的に幸せになった」である。この2文を通じて「作者の悲しみと怒り、作者の貧しい人々に対する深い同情や貧富の差が激しく存在する社会現実についての強い不満が感じられる」と書かれていることに、価値の言明が見られる[17]。先述の「学習目標」や「教学に関するアドバイス」、さらに、「マッチ売りの少女」が収録されている単元学習の目標に照らし合わせてみると、本課の読みにおいて要求されている児童の感情の移入、想像、理解や、彼らの個性的な感受や体験、児童間の交流と討論といった児童の「主体性」のある活動は、作者の思想感情を理解することにとどまっており、「人道主義的精神」や「同情心」といった特定の価値を児童に意識させることに限定されていることがわかる。

　以上のような、2000年大綱版『教師教学用書』における「マッチ売りの少女」という教材文に関する「教材の説明」、「学習目標」、「教学に関するアドバイス」に示されている内容は、ほぼそのまま2001年課程標準版『教師教学用書』にも継承されている。さらに、2001年課程標準版『教師教学用書』の「マッチ売りの少女」の課における「教学に関するアドバイス」では、「今日、中国の子どもたちに当時のマッチ売りの少女の生活状況を理解させ、少女の悲しみと辛さを感じとらせ、児童に同情心と人道主義的精神を培う」[18]ことも加えて述べられている。このことから、2001年課程標準版『教師教学用書』においても、「マッチ売りの少女」という教材文の学習の主旨は、同情心や人道主義的精神という特定の価値を児童に意識させることにあり、2000年大綱版『教師教学用書』で示されたものとの一致がうかがえる。

2　授業の流れ

　次に筆者が観察した授業について検討しよう。「マッチ売りの少女」の実

表5-1 授業の流れ(「マッチ売りの少女」2時間)

	学習内容	主な活動
第1時	1 導入	教師による説明
	2 作者の紹介	教師による紹介
	3 作品全体の学習	教師による朗読
	4 新しい単語の学習	指名された児童が黒板に単語の発音や意味を書く
第2時	1 前の時間のまとめ	教師による説明
	2 作品の段落を分ける	教師による提示
	3 少女がマッチを売りに来た場面の学習	教師の発問及び児童の応答
	4 少女がマッチをつける場面の学習	教師の発問及び児童の応答、教師のまとめ
	5 価値の定着	教師の指名及び児童の応答、教師のまとめ

践の流れは、表5-1のように整理できる。

　表5-1に示している授業の「主な活動」から明らかなように、授業の全過程において、教師の説明や指示、発問などと、それに対する児童からの応答が中心となっている。また、本実践2時間の学習において、新しい漢字の学習に充てられた時間が総時間数の3分の1も占めていることや、教師が児童に作品を読むための時間をほとんど与えなかったことが観察された。一方、児童は教師の発問に答える役割にあり、児童間の対話や討論はほとんど観察されなかった。

3　教師の指導言の特徴

　本実践の教師の指導言の特徴を見出すために、全授業過程における教師の主な発言を表5-2にまとめておく。

　表5-2に示している教師の指導言は次の5種類に分類できる。第1は、教材文に即さない一般的事実を確かめるものである(発問類型①)。例えば「人は、とっても寒くとってもお腹がすいている時、自分の格好を気にする余裕がありますか」、「人が寒い時一番ほしいのは何でしょうか」のように、児童の常識を答えさせるものが多く観察された。

表5-2　授業に見られる教師の主な指導言

	学習内容	教師の指導言	発問類型
第1時	1 導入部分	1 今学期が始まる前に、君たちは楽しい冬休みを過ごしたね。冬休みの間で、一番楽しかった日はどんな日でしたか。	①
	2 作者の紹介	2 マッチ売りの少女の作者は誰ですか。	②
	3 作品の学習	3 この作品、先生は何回も読みました。読むたびに感動しています。君たちも先生と同じでしょうか。（何人かの児童：はい）では、誰かこの物語の内容を簡潔に紹介してくれますか。	④②
	4 新しい単語の学習	4 手元にある辞書、辞典を使って、その発音や意味を調べてください。その後は、あてますよ。何人かの人にこれらの新しい漢字や単語を黒板に書いてもらって、その意味も教えてもらいます。	
第2時	1 前回の授業内容のまとめ	1 前の時間に作品を読んで、マッチ売りの少女が大晦日の夜に、寒さで街頭で死んでしまったことがわかりましたね。街頭にいる少女は自分を暖めるために1本また1本とマッチをつけました。彼女はマッチをつけるたびにいろいろな美しいものを見ましたか。（児童一斉：はい。）	②
	2 作品の段落を分ける	2-1 作者はなぜこういう風に書くのでしょう。その意図は何でしょうか。では、これから先生が皆に提示します。皆は先生の提示にしたがって、文章のなかから、先生の提示しているものを見つけてください。	③
		2-2 大晦日の夜、少女はマッチを売りに街頭に来ています。これについて、作品のどの部分に書いてありますか。	②
		2-3 少女がマッチをつけるところが、作品の重要な部分です。この部分は作品のどこにありますか。	②
	3 少女がマッチを売りに来た場面の学習	3-1 なぜ、少女がマッチを売りに来たのか、その理由を言ってください。	②
		3-2 どのような少女ですか。どんな様子ですか。	②
		3-3 この少女は綺麗なのに、おしゃれしていないのはなぜですか。	②
		3-4 人は、とっても寒くとってもお腹がすいている時、自分の格好を気にする余裕がありますか。	①
	4 少女がマッチをつける場面の学習	4-1 とっても寒かったので、少女は何をしましたか。	②
		4-2 少女は合わせて何回マッチをつけましたか。	②
		4-3 少女はマッチをつけるたびに一体どんなものを見ましたか。なぜ、そのようなものを見ましたか。なぜ、そういう風に作者が書いているのか、考えてみてください。	②③⑤
		4-4 少女はとても寒かったのです。人が寒い時一番ほしいのは何でしょうか。	①
	5 練習による価値の定着	5 もし、この少女が君たちのところに来たら、何をしてあげますか。	⑤

第2に、教材文の記述から答えを見つけられるものが多い（発問類型②）。その大半は「とっても寒かったので、少女は何をしましたか」、「少女は合わせて何回マッチをつけましたか」のように、表面的な事実を確認するものにとどまっている。

　第3に、作者の思想感情についての確認が重視されている（発問類型③）。2時間目の授業が始まった直後、教師は前回の学習内容を振り返り、「作者はなぜこういう風に書くのでしょう。その意図は何でしょうか」と、直ちに本時の目的が作者の意図を読み取ることにあることを示した。次に、マッチをつける場面を扱う際には、少女が見た幻想がそれぞれ暖かさ、食べ物、楽しみ、愛情の必要性を反映していることを確認した後、教師は「なぜ、これらのものは少女にとって手に入れられないものですか」と問いかけた。しかし、児童に答える時間は与えず、直ちに「この作品を書いた作者が生活している時代は、暗くて、不平等な時代でした。マッチ売りの少女はただ多くの貧しい人々のなかの一人です。作者がこの作品を書く目的は、この不平等な社会を批判するためです」と作者の思想を言明した。

　第4に、教師自身の情感体験を児童に押し付ける場面が見受けられた（発問類型④）。このことは「この作品、先生は何回も読みました。読むたびに感動しています。君たちも先生と同じでしょうか」との教師の発問からうかがわれる。この発問で求めているのは、児童の情感ではなく、教師自身と同じ価値や感受を児童に求めているに過ぎない。

　第5に、児童に想像することを求める場面も一部で見られた（発問類型⑤）。たとえば「少女がマッチをつけるたびに一体どんなものを見ましたか。なぜ、そのようなものを見ましたか」、「もし、この少女が君たちのところに来たら、何をしてあげますか」という発問が観察された。これらについては後述する「読みにおける児童の想像」の部分において分析することにする。

　4　教師と児童との言葉のやりとり

　本実践における教師と児童の間の言葉のやりとりの典型例を検討するため、

第5章 教育実践における児童の「主体性」

表5-2に示した発問類型②の発問の1つ（発問3-3）に続く授業場面を紹介する。

表5-3に示している教師と児童との言葉のやりとり、特に波線部からわかるように、教師は望んでいる応答（いわゆる正しい答え）に対して、「よく言えました」のように評価を下したり、望んでいる答えと異なった発言に対して、「あのね……」と修正したり、「少女の家はどうですか」のように児童を誘導したりする場面が観察された。事実確認に関しては児童が一斉に答える場面が多いことも特徴である。

表5-3　発問3-3に続く教師と児童とのやりとり

T1：この少女は綺麗なのに、おしゃれしていないのはなぜですか。そんなに綺麗な髪をしているのに、全然気にしていないですね。なぜですか。
P1：少女はマッチを全部売ることだけ考えているからです。自分の格好について考えていない。
T2：あのね、人は、とっても寒くとってもお腹がすいている時、自分の格好を気にする余裕がありますか。
P（一斉）：ないです。
T3：この少女は、そんなに寒い日に、マッチを売りにきていることから、少女の家はどうですか。
P（一斉）：とても貧乏です。
T4：少女の家のことについても作者が書いてありますよ。それは作品のどこでしょうか。
P2：家にいても、寒いです。屋根があるけど、壁には大きな割れ目に、襤褸やわらをつめていますが、風がひゅうひゅうと吹き込んできます。
T5：はい、よく言えました。少女の家はとても貧しいですね。（児童一斉：はい。）そのため、少女は大晦日の夜でもマッチを売りにきましたね。

5　「読み」における児童の想像

次に、表5-2に示した発問類型⑤について検討しよう。少女がマッチをつける部分の学習に関して、教師と児童のやりとり（発問4-3）は表5-4のようであった（ここでは一部のみ示す）。

少女が1回目にマッチをつけた時に見たものやその理由についての確認（表5-4）と同じパターンで、少女が2回目、3回目、4回目にマッチをつけた時に見たものやその理由が確認され、その結果、食べ物、楽しみ、愛情が

表5-4　発問4-3に続く教師と児童とのやりとり

> Ｔ１：１回目に少女は何を見ましたか。
> Ｐ１：暖炉を見ました。
> Ｔ２：ええ、暖炉を見ました。なぜ、こんな時、少女は暖炉を見ましたか。
> Ｐ２：少女はとても寒かったので、暖炉を想像しました。
> Ｔ３：ああ、想像という言葉が出ましたね。この時、少女はとても寒かった。人は寒い時一番ほしいのは何でしょうか。
> Ｐ（一斉）：暖かさです
> Ｔ４：だから、少女は暖炉を想像しました。

必要だという結論に至った。ただし、教師と児童とのやりとりでわかるように、教師の発問は作品で述べられている事実に対する確認にとどまっている。つまり、教師がこれらの発問で求めているのは、児童が登場人物の少女になりきって体験したり、想像したり、感じたりすることや、彼ら自分自身の考えかたや感じかたに基づいて選択を行うような、児童一人ひとりの独特な感受や体験ではない。また作品の主人公である少女の気持ちについて理解することでもなく、ただ単にある状況下におかれた普遍的な人間の感情や行動に対する共通の認識についての簡単な確認であることがわかる。さらに、少女がマッチをつけた行動の理由を児童に考えさせる過程において「なぜ、こんな時、少女は暖炉を見ましたか」、「人は寒い時一番ほしいのは何でしょうか」という教師の指示言によって、児童の想像は教師に導かれたものとなっている。そのため、結局のところ、児童の読みは形式的、受動的な読みにとどまっていることがわかる。

次に、「もし、この少女が君たちのところに来たら、何をしてあげますか。」（発問5）に関して、教師と児童とのやりとりは表5-5のように行われた。

表5-5に示しているように、教師の問いに対し、児童からは「食べ物を買ってあげます」、「新しい服を買ってあげます」、「少女を愛する親のクローンを作ってあげたい」などの答えが出され、児童の自由な想像がうかがえる。しかし、前節で行った学習目標の分析からすでに明らかになっているように、

第5章　教育実践における児童の「主体性」　151

表5-5　発問5に続く教師と児童とのやりとり

```
T1：もし、この少女が君たちの所に来たら、何をしてあげますか。
P1：食べ物を買ってあげます。
T2：ええ、食べ物を買ってあげます。少女はとてもお腹が空いていますね。
P2：新しい服を買ってあげます。
T3：ええ、少女はぼろぼろな服を着ていますからね。
P3：私は少女を愛する親のクローンを作ってあげたい。そうすれば、少女も私
    たちのような幸せな生活を過ごせます。
T4：いい発想ですね。クローン、一番進んでいる科学技術を使いますね。発想
    が大胆ですね。
P4：僕は自分の持っているものの半分を分けてあげたい。
T5：いい考えですね。私たちは同情心を持っていることを分かってもらいたい
    ですね。ほかにもいろいろいい考えがあると思いますが、授業後に友だち
    と一緒に交流してください。マッチ売りの少女は、実はアンデルセンが考
    えた一人の人物像です。少女が私たちのところに来ることは、現実にはあ
    りません。それは私たちの想像に過ぎません。しかし、私たちは同情心を
    持って、周りにいる助けを求める人を助けることができますね。（児童一
    斉：できます。）今後、もし、周りの友だちが困難に出会ったら、君たち
    は何をしますか。（児童一斉：助けてあげる。）そうですね。
```

　この問いは貧しい人々に同情するという価値の定着を図るものとして位置づけられている。したがって、ここでも児童の想像は教師に導かれたものとならざるを得ないと言えよう。また、児童の発言に対する教師のフィードバックからも、教師は児童に「同情心を持つ」という特定の価値を自ら主体的に選び取ることを求めていることがわかる。

　以上、本実践では、「マッチ売りの少女」という主人公について、その「抑圧されている」という性質が強調して認識されており、教師の分析や説明はすべて予め準備していた「少女の悲しい運命」の言明や少女への同情という特定の価値の喚起を中心としている。一方、児童の発言は教師に導かれており、児童が登場人物の少女になりきって体験したり想像したりする場面や、自分自身の考えかたや感じかたに基づいて選択を行う体験や探究的な学習は観察できず、児童による人物についての多角的な分析や、作品の持つ本来の情感と言語表現の美しさを把握しようとする姿勢は見られなかった。また、教師は1つの発問に対して多数の児童に発言を求めておらず、多くても

3、4人に発言させることにとどまっており、授業においてより多くの児童を参加させようとする配慮は欠けていた。さらに、教師は児童間の対話や討論といった活動を促したりすることもほとんどなかった。そのため本実践において、学習過程における児童の「自主性、能動性、創造性と社会性」、すなわち児童の「主体性」の育成に対する配慮が欠けていることは明らかである。

第3節　湖南省の公立小学校における授業の状況

　「マッチ売りの少女」の他に、湖南省の7つの小学校において観察された授業の状況を表5-6にまとめておく。
　表5-6に示しているように、これらの小学校で行った授業観察の結果には多くの共通点が見られた。
　まず、ほとんどの実践において、教師は国語の基礎知識の習得や作品の思想の理解に重点をおいている。全授業過程において、教師の指示や発問、及びそれに対する児童の応答が中心となっており、児童間の対話や討論はほとんど見られなかった。
　次に、教師の発問のほとんどが教材文内容についての表面的な事実確認である。また、児童の発言に対しては、正しい応答を評価したり、教師の求めていない応答を修正したり、児童を誘導したりすることも共通して観察された。
　さらに、ほとんどの授業において、作者の感情や作品の思想など特定の価値を理解させ、支持させるために、教師が児童の読みを導く場面が観察された。一方で、児童が登場人物になりきって体験したり、想像したり、感じたりする場面や、彼ら自分自身の考えかたや感じかたに基づいて選択を行う体験、探究的な学習がほとんど観察されなかった。つまり、これらの授業においても、第2節で取り上げた授業と同様に、教師は児童の「主体性」の育成に対する配慮が欠けていることが明らかとなった。
　以上が、「マッチ売りの少女」の授業のほかに、筆者が他の7つの公立小

第5章 教育実践における児童の「主体性」

表5-6　7つの公立小学校における授業の状況

小学校名（所在地）学年	観察した課（時間数）	授業の流れに見られる特徴	教師の発問の種類	教師のフィードバックの与えかた	読みにおける児童の「主体性」の発揮
DY小学（C市）6年生	「貧乏人」（2時間）	教師の指示や発問、及びそれに対する児童の応答が中心。教師と児童とで一問一答を行い、児童間の対話や討論はなし。	①②③④⑤	正しい応答を評価し、教師の求めている応答と違う発言を修正する。児童に一斉に答えるよう求める。	登場人物の行動や作者の感情、作品の思想を理解するために想像し、論理的に考える。
LB小学（C市）5年生	「金色の足跡」（2時間）	教師の指示や発問、及びそれに対する児童の応答が中心。教師と児童とで一問一答を行い、児童間の対話や討論はなし。	①②④⑤	正しい応答を評価し、教師の求めている価値へと児童を導く。児童に一斉に答えるよう求める。	作品の思想価値を理解するために想像し、論理的に考える。
EJH中心小学（C市）4年生	「彼女は私の友達」（2時間）	教師の指示や発問、及びそれに対する児童の応答が中心。教師と児童とで一問一答を行い、児童間の対話や討論はなし。国語基礎知識の学習が多い。	①②④⑤	正しい応答を評価し、教師の求めている応答と違う発言を修正する。児童に一斉に答えるよう求める。	登場人物の心情、作品の思想価値を理解するために想像し、論理的に考える。
JZY中心小学（C市）4年生	「鳥情」（1時間）	教師の指示や発問、及びそれに対する児童の応答が中心。教師と児童とで一問一答を行い、児童間の対話や討論はなし。	①②③④⑤	正しい応答を評価し、教師の求めている価値へと児童を導く。児童に一斉に答えるよう求める。	作品の思想価値を理解するために想像し、論理的に考える。
HW小学（A市）5年生	「海に飛び込み」（2時間）	教師の指示や発問、及びそれに対する児童の応答が中心。教師と児童とで一問一答を行い、児童間の対話や討論はなし。	①②④⑤	正しい応答を評価し、教師の求めている価値へと児童を導く。児童に一斉に答えるよう求める。	人物の心情や作品の思想を理解するために想像する。
JN小学（A市）5年生	「田忌競馬」（1時間）	教師の指示や発問、及びそれに対する児童の応答が中心。教師と児童とで一問一答を行い、児童間の対話や討論はなし。国語基礎知識の学習が多い。	①②⑤	正しい応答を評価し、教師の求めている価値へと児童を導く。児童に一斉に答えるよう求める。	登場人物の心情、作品の思想価値を理解するために想像し、論理的に考える。
YY小学（B市）6年生	「将相和」（2時間）	教師の指示や発問、及びそれに対する児童の応答が中心。教師と児童とで一問一答を行い、児童間の対話や討論はなし。	①②④⑤	正しい応答を評価し、教師の求めている応答と違う発言を修正する。児童に一斉に答えるよう求める。	作品の思想価値を理解するために想像し、論理的に考える。

学校で観察した授業の状況である。これらの状況から、本稿で取り上げた実践は中国の授業実践を代表できるものと想定される。

なお、調査対象校の教師17名にインタビューを行ったなかで、彼ら全員が学習過程において、児童の情感に基づく体験や児童に探究的な学習態度を育むことの大切さを認識していることが確認された。Ｚさんも「1つの価値観を押し付けるのではなく、学習過程における児童の個性的、主体的な感じかた、彼らの情感に基づく体験を奨励すべき」[19]と語っており、2001年基礎教育課程改革の理念に対する理解を示している。しかし一方で、「マッチ売りの少女」の授業実践と同じように、観察したすべての授業において教師の指導に多くの課題が見られたことも事実である。

第4節　追加調査：2011年11月の調査

2001年課程標準版教科書に切り替えられた後の国語の教育実践の実態を観察するために、2011年11月1日から3日までの3日間に筆者は再び湖南省のＣ市を訪れた。今回も幸い、前節で取り上げた「マッチ売りの少女」の授業実践を担当したＺさんの国語の授業を観察することができた。今回の観察においては時間的な制約もあり、観察できたのは「課」の学習の途中の1時間しかなかったが、Ｚさんの指導のスタイルは4年前の「マッチ売りの少女」において観察されたものとほとんど変わっていないことが確認された。そのほかに、同市のＤＹ小学で同じ6年生の国語の授業「老人と海鳥」の1時間を観察することもできた。この実践を担当したＴさんもＤＹ小学6学年国語科の主任であり、湖南省主催の教育実践競技大会（教師の指導力を競い合う大会）に積極的に参加し、何年も連続して受賞を果たした指導力の高い教師である。このＴさんの指導のスタイルもＺさんと類似していることが確認された。

また、Ｃ市における小学校の教師の平均的な状況を調べるために、教員評価や研修を担当する同市の教育局の副局長Ｓさんにインタビューを行った。そこで、教員に対する評価を行う際に進学率が依然として大きな指標となっ

ている実態や、一度教員として雇用されると、よほど大きな失敗を犯さない限り解雇がないほぼ終身雇用型の教員雇用制度の存在、そして、教員研修において、「校内研修（同じ学校内の教員どうしの間でお互いの授業を見学する形式）」がほとんどであり、外部からの指導が少ないため形式主義に流されやすい状況が確認された[20]。特に、進学率重視の教員評価制度について、C市の場合、義務教育の普及が実現されているため、小学校を卒業した児童全員に中学校への進学の機会が保障されている。しかし、進学先の中学校のなかには、かつて重点中学として存在していた学校もあり、また地理的に都市部と農村部そして山間部に分布しているため、学校間における格差が大きく存在している。中学校段階において「就近入学」という学区制が実現されていないC市では、児童は小学校から中学校へ進学する際、入試成績によって、それぞれの中学校に振り分けられることになっている。つまり、すべての児童に前期中等教育が保障されてはいるものの、従来ながらの成績を重視する方針が相変わらず存在しているのである。そのため、良い中学校に進学する児童を量産することが教師にとって、高い評価を得るための手段になっている。

C市と同じ状況にある地域が現在の中国において多く存在していることを考えると、「素質教育」の普及によって、進学率を教員評価の指標として扱うことを取りやめることを訴えている中国において、現在もなお進学率に対する懸念が教師の教授活動に影響を与える要因になっていることがうかがえる。

他方、北京や上海など学区制が導入されている経済発達地域においても、学校間格差が存在している。これらの地域では、教員評価において、進学率よりも教員の研究成果が非常に重要な指標になっている[21]。より高い評価をうけ、より良い学校に採用されることを意識し、研究成果を出すために研究に没頭する教師も大量に現れている。これらの教師は授業と研究で多忙なため、教育実践において充分に児童の「主体性」の育成に対する配慮ができないことが想定される。

教育実践において、教師は児童の「主体性」の育成が必要と認識していな

がらも、自らの指導において、児童の「主体性」の育成に対する配慮が欠けているこの問題を、北京師範大学の王本陸教授は「新しい靴を履きながら従来の道を歩む（新しい教育の理念を掲げながら、実践において従来と同じ指導のスタイルをとること）」と比喩している。また、王によればこのような状況は中国において今なお普遍的に存在していると指摘されている[22]。

第5節　調査結果と考察

中国では、2001年基礎教育課程改革を経て、教育政策においては児童生徒の「主体性」の育成が重視されるようになった。一方で、本章で取り扱った教育実践においては、「主体性」育成の実態として以下の特徴が明らかになった。

　①授業の進行は教師によって牽引されており、全授業過程において、教師の指示や発問、及びそれに対する児童の応答が中心となっている。
　②教師の発問のほとんどが教材文内容についての表面的な事実確認であり、児童の「読み」を誘導している。
　③教師は1つの発問に対して多数の児童に発言を求めておらず、多くても3、4人に発言させることにとどまっており、授業においてより多くの児童を参加させようとする配慮は欠けている。
　④教師は児童間の対話や討論といった活動を促していない。
　⑤児童が登場人物になりきって体験したり、想像したり、感じたりする場面、彼ら自分自身の考えかたや感じかたに基づいて選択を行う体験や、探究的な学習がほとんどない。

以上のことから、「主体性」の育成をめぐって、教育政策と教育実践におけるズレが存在していることがわかる。また、本章で扱ってきた「主体性」育成の実態を踏まえて、このズレを生じさせた主な原因として以下の4点を指摘することができる。

第1に、教師の力量不足の問題である。第3章及び第4章での分析からすでに明らかとなったように、2001年基礎教育課程改革を経て、教育政策に

おいては、学習過程における児童生徒の「主体性」の育成が重視されるようになった。にもかかわらず、本章で取り上げた教育実践においては、教師は教授活動において、説明と分析を中心とする従来の教授方法をとっており、児童の「主体性」の育成に対する配慮が欠けているという実態が確認された。つまり、教師の「主体性」に対する認識が教育政策に求められているレベルまで届いていないことが言えよう。したがって、教育実践とともに筆者の行った教師に対するインタビューから示された、教師の教育改革の理念に対する理解は表面的なものにとどまっており、教師の力量形成が課題として挙げられる。また、教師の力量形成に支障をきたす要因については、2001年基礎教育課程改革以降も、中国において、教員に対する評価を行う際には、進学率、あるいは研究成果を重視する状況が存在している。これに加えて、終身型雇用制度の存在や、教員研修制度が形式主義に流されやすいという実態も確認された。これらの状況がやがて教師の力量形成に支障を与える要因になったと考えられる。

　第2に、カリキュラムに関する課題である。国語科を例にとってみると、第4章での分析でわかるように中国では国語教材文の数が非常に多い一方、「課」あたりの学習時間数が極めて少ない。このことにより、児童に作品を熟読させたうえで、自らの想像に依る情感に基づく体験や、探究的な学習を行わせるための時間を確保できず、児童の「主体性」の育成に対する教師の配慮が欠ける要因になった。

　第3に、教育政策における「主体性」に対する捉えかたに由来する問題である。第3章及び第4章での分析から明らかになったように、2001年基礎教育課程改革を経た現在、教育政策においては、児童生徒の「主体性」を育成することは、国を愛する社会主義の建設者と後継者の育成という教育目標を実現させるための有効な方法と捉えられており、社会主義の思想教育に融合されている。つまり、思想教育に重点がおかれていることからみれば、2001年の基礎教育課程改革も実質的には従来の教育方針の延長線上にあることがわかる。このことから、思想教育という目的を達成させるために、教育過程で教師が児童を誘導するという教授方法を適用する伝統を持つ中国に

おいて、教師の間では教育改革を行っても、国の教育方針には変化がないという認識が一般的であり、結果的に従来通りの教授方法をとってしまい、児童の「主体性」の育成を二の次におく結果を生じさせた原因になった。

第4に、成績を重視する中国社会の現状に由来するものである。現在も中国において依然として存在している大学入試制度は、高等教育段階へ進学する機会を極少数の優等生に限定してしまう要素となっている。また、先述した筆者の行ったC市教育局の副局長のSさんに対するインタビューから、「素質教育」の普及が実現されている現在の中国でも、義務教育段階においては、進学する際に、成績重視の現状が依然として存在していることが確認された。そのため、教育熱が異常に高い中国では、子どもをより良い学校へ進学させるために、「主体性」を身に付けることよりも、試験で高い点数を取るのに必要な知識と技能を習得することが多くの保護者に重視されていることが想定される。保護者のこのような態度が教育活動に与える影響も無視できない。

これらの課題が存在していることから、現在の中国では、教育実践においては、「主体性」を尊重する教育理念を実現させる条件がまだ整えられていないと言わざるを得ない。

おわりに

2001年の基礎教育課程改革を経て、教育政策においては、児童の「主体性」の育成が国語教育における思想教育の目標を実現させる手段として捉えられているものの、思想教育の目標を実現させる学習過程においては、児童生徒の興味・関心、思考、想像、情感に基づく体験や探究的な学習活動、他者との交流や討論など、児童の「主体性」のある活動が目指されていることが、教育政策や課程政策、さらに教師の教授活動の手引きである『教師教学用書』に対する分析で明らかとなった。しかし一方で、本章で取り上げている教育実践においては、教師は教授活動において、説明と分析を中心とする従来の教授方法をとっており、児童の「主体性」の育成に対する配慮が欠けているという実態が確認された。

児童の「主体性」の育成をめぐる教育政策と教育実践に見られるこのズレを生じさせた原因を探ると、教師の力量形成、カリキュラムの問題、教育政策における「主体性」に対する捉えかたの問題、及び成績重視の中国社会の現状など、様々な課題が存在していることが挙げられる。

　「主体性」を尊重する教育理念の実現に支障を与えているこれらの課題のなかには、教育政策における「主体性」に対する捉えかたの限界や、成績を重視する風潮のように、即時の改善が容易ではないものもある。しかし、教師の力量形成やカリキュラムの改善については、個々の学校でも取り組むことが可能であろう。したがって、今後は、「主体性」を尊重する教育理念の実現に向けて、各学校現場での授業実践の改善に率先して取り組む必要があると言えよう。

注

1　「品徳と生活」・「品徳と社会」課程標準は2002年6月に公布された。
2　北京師範大学教授の檀伝宝に対するインタビュー、北京、2008年6月13日。檀氏は2001年基礎教育課程改革によって新たに公布された道徳教育科目である『品徳と生活』・『品徳と社会』課程標準の作成に直接に関わった人物である。
3　2007年3月12日から3週間にわたって、筆者は中国湖南省の複数の小学校で授業観察とともに行った教員たちに対するインタビュー。
4　「各級各類学校女教師、女教職工数」『中国教育年鑑2010』http://www.moe.gov.cn/publicfiles/business/htmlfiles/moe/s6200/201001/129612.html及びC市教育局副局長のSさんに対するインタビュー、湖南省C市、2011年11月2日。
5　なお、他の7つの小学校においても観察された授業の指導にあたった教師は全員女性であった。
6　本章では2000年国語教学大綱に依拠して編纂された『教師教学用書』を2000年大綱版『教師教学用書』と表示し、2001年国語課程標準に依拠して編纂された『教師教学用書』を2001年課程標準版『教師教学用書』と表示する。
7　人民教育出版社小学語文室編『語文第十二冊教師教学用書』人民教育出版社、2005年、p.90。課程教材研究所・小学語文課程教材研究開発センター編『語文六年級下冊教師教学用書』人民教育出版社、2006年、pp.140-141。
8　人民教育出版社小学語文室編、前掲書、p.90。
9　課程教材研究所・小学語文課程教材研究開発センター編、前掲書、p.142。
10　この部分が、『語文六年級下冊教師教学用書』においても、重点的に取り上げられている。
11　人民教育出版社小学語文室編、前掲書、pp.91-92。なお、2001年国語課程標準に依拠して編纂された『語文六年級下冊教師教学用書』においても同じ説明が行われ

ている。
12 人民教育出版社小学語文室編、前掲書、p.92。2001年国語課程標準に依拠して編纂された『語文六年級下冊教師教学用書』において、「学習目標」が以下のように定められている。「新しい漢字6個を習得し、6つの単語を正確に書ける」、「感情を込めて作品を朗読し、作品の主要内容を把握し、人物の運命に関心を持ち、作者の思想感情を理解する」、「作者の表現方法を理解する」となっている(『語文六年級下冊教師教学用書』人民教育出版社、2006年、p.144)。つまり、『語文第十二冊教師教学用書』に示されている内容が『語文六年級下冊教師教学用書』においてほぼそのまま継承されている。
13 人民教育出版社小学語文室編、前掲書、p.93。
14 同上書、p.92。
15 この部分は『語文六年級下冊教師教学用書』においても重点的に取り上げられている。
16 人民教育出版社『語文(第4刷)』人民教育出版社、2005年11月、pp.98-99。
17 人民教育出版社小学語文室編、前掲書、p.92。
18 課程教材研究所・小学語文課程教材研究開発センター編、前掲書、p.145。
19 Zさんに対するインタビュー。C市、2007年3月27日。
20 C市教育局副局長Sさんに対するインタビュー、C市、2011年11月2日。
21 北京師範大学教授の王本陸に対するインタビュー、北京、2012年1月28日。
22 同上。

終　章

　本書は、近年、中国の教育改革において重視されてきた「主体性」という概念とはいかなるものであるのか、2001年以降、「主体性」育成の実態と課題とは何かを明らかにすることを研究目的としている。この目的を果たすため、文革終結後、中国の教育研究分野で芽生えた「主体性」育成に関する研究の展開をたどり、教育政策において「主体性」がどのように捉えられ、「主体性」育成研究と教育政策の策定との関係とはどうなっているのか、また2001年基礎教育課程改革以降、教育政策に確立された「主体性」を尊重する教育理念がどのように教育実践に反映されているのかについて検討を行った。

　序章においては、下記の3つの研究課題を提起した。

　①中国の教育研究分野において1989年に初めて提起され、2001年基礎教育課程改革にも影響を与えたとされる、「主体性」概念の持つ具体的な意味内容とは何か（第1・2章）。

　②現在（本書の検証では2010年までとする）、教育政策（課程政策も含む）において「主体性」はどのように捉えられ、「主体性」育成研究と教育政策の策定との関係とはどうなっているのか（第3・4章）。

　③2001年以降、「主体性」を尊重する教育理念がいかに教育実践に反映されているのか、どのような課題が存在しているのか（第5章）。

　以下、これらに対する分析結果を述べていく。

第1節　中国の教育研究分野における「主体性」概念

　1つ目の研究課題は、中国の教育研究分野において1989年に初めて提起され、2001年基礎教育課程改革にも影響を与えたとされる、「主体性」概念の持つ具体的な意味内容とは何かを明らかにすることである。

　第1章で明らかにしたように、1989年に中国の教育研究分野において「主体性」概念が初めて提起されて以降、「主体性」育成の研究は様々な論者によって活発に行われ、とりわけ「主体性」育成の目的や、育成方法についての理論が練り直され続けてきた。そのため、中国の教育研究分野における「主体性」という概念を理解するためには、教育研究分野における「主体性」育成の目的と育成方法に対する捉えかたを理解することが非常に重要になってくる。したがって、ここでは、1980年代から教育研究分野で展開されてきた「主体性」育成の目的と方法について、もう一度整理をしておく。

　まず、「主体性」育成の目的については、学習者の「主体性」概念が提起された1989年当初、「主体性」の発揮が個人の権利として捉えられ、その育成の目的は個人の発達を促すことと認識されていた。しかし、「天安門事件」以降、個人の権利を論じることが「資産階級自由化」を鼓吹することにつながる社会情勢の影響を受け、個人の発達と社会の発展が対立するものと捉える論調が研究者の間で形成された。こうした背景のもとで、「主体性」育成研究においては個人を重視した方向から人間の集団としての営みに重点をおく「社会」の発展を重視する方向への転換が見られた。特に、1992年から1994年までの間、学習者個人の「主体性」の発達は「社会生活様式、道徳規範、社会行為」に規定されるものであり、「主体性」育成の目的は個人を人間の集団としての営みに重点をおく「社会」に適応させることにあるという認識が普遍的であった。他方、経済発展に伴い、社会主義市場経済体制の確立をきっかけに、1995年以降、「主体性」育成研究において、「主体性」を育成する最終的な目的は人間集団としての「社会」の発展を促すことであると認識されながらも、「主体性」育成における個人の自由や個人の発達が再び注目されるようになった。こうした転換が1997年を境目に一層加

速してきた。

　「主体性」育成の目的に対する研究者たちの捉えかたの変遷に伴い、その育成方法も見直され続けてきた。全体的な流れとしては、学習者個人の経験や自立を重視する方向から、「天安門事件」以降、一時期は教師の指導を強調する方向へと転換されたが、社会主義市場経済体制が確立された1995年以降、再び学習者個人の経験や自立的な取り組みが重視されるようになった。特に1997年に「主体性」育成における「構成主義」の学習観が中国の教育研究分野で議論されて以降、現在に至るまで、教師の指導は学習者の「主体性」を発達させるうえで必要な条件とされているものの、学習者の「主体性」を望ましい方向へ発達させることを可能にする教育実践環境の整備に限定されており、学習者の自立した取り組みをより重視する見方が定着するようになった。ただし、各時期に展開された研究において、「主体性」を育成する際の教師の指導に対する考えかたには程度の差が見られるものの、学習者の「主体性」の育成において教師の指導が必要とされていることが共通して確認された。

　「主体性」育成の目的及び育成方法に対する捉えかたの変化に伴い、「主体性」の内容構成においても変化が見られた。その変化を大きく捉えると「自主性、能動性、創造性」といった個人の発達に関わるもののみを「主体性」の内容構成と捉える方向から、個人と社会との関係を強調し、「社会性」も「主体性」の内容構成に加えられたことである。約20年間の議論を経て、現在においても「主体性」という概念について、教育研究分野では統一した認識は形成されてはいない。しかし、「主体性」は「自主性、能動性、創造性」を含み、且つ「社会性」とも関係する概念であるという共通認識が教育研究分野に定着してきている。育成すべき「主体性」の内実として「自主性、能動性、創造性」が含まれることから、一個人として、自らの意思に基づき自立した選択を行い、物事に積極的に関わる態度を身につけること、さらには新しいものを作り出す創造的な意欲と能力が求められることがわかる。他方、「社会性」の持つ意味内容が時代によって変化してきていることについては注目すべきところである。つまり、1992年当初、研究者たちが主張し

ていた「社会性」とは、社会の構成員である一人ひとりが、「社会生活様式、道徳規範、行為基準」などの要素に制約される人間の集団としての営みに重点をおく「社会」に対して、一定の任務を負い、求められる義務を果たすことであり、「社会」という個人にとっての外の世界からの規定性が強調されていた。一方で、1997年以降、教育研究者の主張において、「社会」が「自己」と「他者」で構成される、人と人との繋がりを持つ場であるという認識が芽生えはじめた。このことをきっかけに、現在、「社会性」とは、生き生きとした個々人の「交流」と「協調」であり、社会をより良いものにするために、他者と協力し連携する態度や能力といった人間関係であるという認識が定着された。したがって、現在、「社会性」は個人の内面に根ざしたものと捉えられ、個人が他者と交流、協調を行う際の自立性・自主性が問われているのである。

　続いて、第2章においては、中国における「主体性」育成研究の第一人者である裴娣娜の研究に焦点をあてて、特に、その理論と実験の対応について分析を行った。その結果、第1章で明らかとなった「主体性」育成に関する理論的変遷、特に「社会性」に対する捉えかたの転換は、「主体性」の育成方法を開発するための裴娣娜の実験的研究にも反映されていることを確認した。また、裴の実験的研究においては、児童を学習活動の中心と位置づけ、学習活動における児童の主体的な参加が重視されていた一方で、教材・学習形態は教師によって決められ、児童の「主体性」は教師により評価されるものと捉えられていた。このことから、有効な「主体性」育成方法の開発を目指す実験的研究においても、「主体性」の育成における教師の主導が強調されており、児童の「主体性」は教師の指導・規範といった外的影響によって育成されるものと捉えられていることが明らかとなった。

　「主体性」の育成をめぐる第1章の理論的研究及び第2章の実験的研究の変遷を検討すると、1989年に「主体性」概念が初めて教育研究分野に提起されて以降、約20年の間、「主体性」概念の持つ意味内容が変化し続けてきたことが明らかになった。現在、中国の教育研究分野における「主体性」という概念は、「自主性・能動性・創造性」を含み、「社会性」とも関係する概念

であり、社会に貢献できる個人（学習者）の育成を目指すものである。その具体的な内容は、個人（学習者）が、自らの意思にしたがって自立した選択を行い、物事に積極的に関わる態度や新しいものを作り出す創造的な意欲と能力、また、社会をより良くするために他者と協調し連携する態度と能力として捉えられているのである。これらの内容から、学習活動における学習者自らの取り組みが求められており、本書の論述をスムーズに展開させるために、筆者が序章で提起した筆者自身の「主体性」に対する理解と多くの共通点が確認できる。ただし、中国の教育研究分野で議論されている「主体性」の育成においては、教師の指導が必要な条件と捉えられていることが特徴であり、筆者の提起した「主体性」概念の内容にはなかったものである。

　このように「主体性」育成の目的や育成方法、及び「主体性」の内容構成の変遷をたどると、「主体性」を育成するという方向性と社会主義の国家体制を維持するという必要性との間に存在している葛藤を克服するために、研究者たちが自らの理論を練り直し続けてきたことがわかる。特に、近年の「主体性」育成研究において、再び個人の自立した取り組みが重視され、また「社会性」に対して新たな見解が形成されたことは、研究上の進展として評価すべきところであろう。このような進展があるにもかかわらず、「天安門事件」以降今日に至るまで、「主体性」育成の目的においては常に「社会」の発展が意識されており、「自主性、能動性、創造性」よりも「社会性」の育成がより重視されていることが読み取れる。それに加えて、学習者の「主体性」は教師の指導・規範といった外的影響によって育成されるものとして捉えられており、彼らの自立した取り組みと密接に関わる「自主性、能動性、創造性」の育成に対する検討は不充分であると言わざるを得ない。これらの点が教育研究分野における「主体性」育成研究の限界となっており、今後の理論的研究においてさらなる検討が必要となるところである。

第2節　教育政策における「主体性」及び「主体性」育成研究と教育政策の策定との関係

2つ目の研究課題は、現在（2010年）、教育政策において「主体性」はどのように捉えられ、「主体性」育成研究と教育政策の策定との関係とはどうなっているのかを明らかにすることである。

1　教育政策における「主体性」に対する捉えかた

　第3章での分析で明らかになったように、文革終結後現在までの約30年間、中国の教育政策においては「主体性」という言葉そのものは一度も現れなかった。しかしながら、児童の自主的な学習を重視する提言は早くも1980年代初頭の教育政策に提起されていた。また、1997年以降に出された教育政策においては、児童生徒の生涯にわたる発達が重視され、彼らの創造的精神と実践能力の育成がより一層重視されるようになった。特に、2001年基礎教育課程改革の方向を示す「基礎教育課程改革綱要」において、児童生徒が学習の主体とされ、学習過程における児童生徒の興味・関心、自ら学ぶ意欲や、自主的に進んで探究的な活動を行う態度と能力、他者と交流し、協調する能力の育成が重視されるようになっている。2001年「基礎教育課程改革綱要」で重視されているこれらの内容には、1997年以降、教育研究分野で論じられてきた「主体性」育成に関する理論的研究の内容と多くの共通点が確認され、2001年基礎教育課程改革によって教育政策に確立された「主体性」概念にあたる内容であることが言えよう。

　他方、文革が終結してから2010年までの約30年間に出された教育政策においては、教育を通じて国を愛する社会主義の建設者と後継者の育成が目指されているという点では共通している。一方で、社会主義建設者や後継者として必要とされる能力の捉えかた、またその育成方法は、時期によって異なっていた。それは全体的に見ると、基礎知識や基本技能の習得を目指した教師による一方的な伝授を重視する方向から、自ら考え、自ら創造する能力

を持つ人間を育成するために、学習過程において、児童生徒の「自主性、能動性、創造性」の発揮を重視する方向へと転換してきた。現在、教育政策においては、自ら考え、自ら判断し、創造する意欲と能力や、他者と交流し、協調する能力といった「主体性」が社会主義の建設者と後継者の備えるべき資質と能力と捉えられている。また、こうした「主体性」を持つ社会主義の建設者と後継者を育成するためには、従来の児童生徒の従順な学習からの脱却が必要であると認識されているのである。

　続く第4章においては小学校における国語科を事例に課程政策について分析を行った。その結果、2001年の「基礎教育課程改革綱要」に確立された「主体性」を尊重する教育理念は、2001年基礎教育課程改革において新しく公布された国語課程標準（日本における学習指導要領に相当するもの）にも貫かれている。そのうえ、2001年国語課程標準において、学習過程における児童の「主体性」育成方法に関する具体的な検討が行われ、情感に基づく体験や、関連情報を収集し、処理すること、他者との「話し合い」といった児童の「主体性」のある学習活動が大いに求められていることが確認された。しかし一方で、国語教育における「愛国主義の感情や社会主義道徳」の育成といった思想教育の目標には、引き続き、重要な位置づけが与えられている。また2001年国語課程標準に盛り込まれている「主体性」を尊重する教育理念とともに、思想教育の役割を重視する教育方針は、2001年国語課程標準に依拠して編纂された国語教科書にも反映されている。そのため、国語の課程政策においては、児童の「主体性」の育成は、社会主義の思想教育の目標を実現させる有効な方法として捉えられていることが明らかとなった。

　さらに、第5章における小学校6学年の国語の『教師教学用書』に対する分析からも、国語学習過程における児童の感情の移入や、彼らの体験と思考、想像、他者との「話し合い」といった「主体性」のある学習活動が重視されていることが確認された。しかし一方で、これらの児童の「主体性」のある学習活動は、作品に含まれる「人道主義的精神」という特定の価値を意識させるためのものとして位置づけられている。そのため、結局のところ、児童の「主体性」のある学習活動は、社会主義の思想教育に融合されていること

が言えよう。

　以上の結果を踏まえると、現在、中国の教育政策において、社会主義の建設者と後継者を育成するためには、従来のように学習者には従順な学習をさせるのではなく、特定の思想価値の習得をめぐって、学習過程における学習者の興味・関心、自ら学ぶ意欲や、自主的に進んで探究的な活動を行うこと、他者と交流し、協調することが重要だと考えられていることがわかった。また、このような「主体性」のある学習活動の展開は、社会主義の建設者と後継者を育成する有効な方法と捉えられているのである。

　2001年の基礎教育課程改革を契機に、教育政策においては、「主体性」という用語そのものは登場しないものの、実質的には学習過程における児童生徒の「主体性」が重視されるようになった。このことは従来、教師中心主義の系統的学習が重視されてきた中国においては大きな進歩と評価できよう。ただし、児童生徒の「主体性」の育成が「愛国主義の感情、社会主義道徳」という特定の価値を意識させるためのものと捉えられ、非常に狭い範囲内に限定されている点には注意が必要である。そのため、児童生徒の自立や自由な意思決定、また物事に積極的に関わる態度や新しいものを作り出す創造的な意欲と能力の育成に関わる「自主性、能動性、創造性」が果たして充分に育てられているのか、さらには彼らが自ら他者と交流し、協調する「社会性」が充分に育てられるのかについては、議論の余地が残るところである。

2　「主体性」育成研究と教育政策の策定との関係

　第3章での分析で、文革終結後今日までの約30年間、教育政策の策定において国家意志が絶対的な立場にあることが明らかとなった。特に、1997年以前は、教育政策が常に研究活動に方向性を示しており、「主体性」育成研究は、ひたすら政策に導かれ、政策の許容範囲内で展開されるという、「政策先行」の状況にあった。

　一方で、1997年以降、「主体性」育成研究を含む教育研究分野での活動は実質上、政策主導下におかれているものの、「総合的国力の競争」に勝ち抜

くために必要な人材の育成を目指した21世紀における教育改革の準備を進めるために、中国政府は積極的に教育研究活動を組織し、教育研究の成果を政策の策定にも反映するように取り組んできた。また、1997年以降は、教育研究者のみならず、教育現場の教師の多くも積極的に教育改革に参加し、教育改革に活気を与えていたことに1997年以前との相違が見られる。さらに、「人間本位」の思想を掲げる教育方針のもとで、近年の教育政策の策定においては、より多くの人々の参加が求められるようになってきており、民主的な気風が形成されてきている。中国政府の教育研究活動に対するスタンスの転換が象徴するように、1997年以降、「主体性」育成研究と教育政策の策定との関係において「政策主導」下での「官研協同」という新しい局面が形成された。第1章での議論と繋げてみると、こうした新しい局面の形成が、1997年以降、「主体性」育成研究の質の向上を促す背景となった。

　ただし、1989年に「主体性」育成研究が発足した当初、「主体性」の発揮が個人の権利として捉えられ、また「主体性」の育成において個人の選択の自由が訴えられていた研究者の主張と比べると、現在の「主体性」育成の目的においては、個人の発達が再び重視されるようになったとはいえ、「主体性」の発揮が個人の権利として捉えられていない。また「主体性」の育成を論じる時、個人の選択の自由という視点も欠けている。つまり、「主体性」の育成をめぐる研究の自由度がかえって低くなっている傾向にある。このことの背景としては、1980年代の教育政策は、教育のあり方についておおまかな方向性を示すことにとどまっていたことにより、当時の「主体性」育成の理論的研究により広い研究の空間が提供されていたことが挙げられる。一方で、1990年代以降、教育政策における教育目標及び教育方法に対する規定がより細かく、具体的なものになってきていることは、「主体性」育成研究の空間が制限される要因になったと言えよう。

　こうした限界はあるものの、近年、「主体性」育成研究と教育政策の策定との関係そのものに質的な転換が見られる点から、研究成果に基づいて、より科学的な政策を作り出そうとする中国政府の姿勢がうかがえる。また、近年の教育政策の策定において民主的な気風が形成されてきたことは、教育政

策の策定に新たな可能性を切り開くだけでなく、「主体性」育成研究のさらなる発展を促す基盤にもなりうると考えられる。

第3節　教育実践における「主体性」育成の実態と課題

　3つ目の研究課題は2001年以降、「主体性」を尊重する教育理念がいかに教育実践に反映されているのか、どのような課題が存在しているのかを明らかにすることである。

　2001年基礎教育課程改革以降の教育実践における「主体性」育成の実態と課題を明らかにするために、第5章において、2007年に筆者が中国の小学校で観察した国語の教育実践を事例として具体的な検討を行った。その結果、教育研究分野に加え、2001年以降、教育政策においても、児童生徒が学習の主体とされ、学習過程における彼らの「主体性」を尊重する教育理念が確立された一方、実際の学校現場では、授業において、教師は分析と説明を中心とする従来通りの教授方法をとっており、児童の「主体性」の育成に対する配慮が欠けている実態が確認された。つまり、「主体性」の育成をめぐって教育研究分野や教育政策で提起されている理論と教育実践との間にズレが存在しているのである。

　このようなズレが生まれた原因として、以下の点が指摘できる。

　第1に、教師の力量不足の問題である。教師の力量形成に支障を与える要因を、筆者が2011年11月に行った湖南省C市教育局の副局長のSさんへのインタビューや、2012年1月に行った北京師範大学教授の王本陸氏へのインタビューから明らかにした。すなわち、2001年基礎教育課程改革以降も、中国において教員に対する評価を行う際には、進学率、あるいは研究成果重視の状況が存在している。これに加えて、終身型雇用制度の存在や、教員研修制度において形式主義に流されやすいという実態も存在する。これらの状況が教師の力量形成に支障を与える要因になっている。

　第2に、カリキュラムに関する課題である。国語科を例にとってみると、第4章での分析で明らかとなったように中国では教材文の数が非常に多い一

方、「課」あたりの学習時間数が極めて少ない。そのため、児童に作品を熟読させたうえで、自らの想像に依る情感に基づく体験や、探究的な学習を行うための時間が確保されていないことを指摘せざるを得ない。このことも、教育実践において、児童の「主体性」の育成に対する教師の配慮が欠ける要因になった。

　第3に、教育政策における「主体性」に対する捉えかたに由来する問題である。第3章及び第4章での分析で明らかになったように、2001年基礎教育課程改革を経た現在、教育政策においては、児童生徒の「主体性」を育成することは、国を愛する社会主義の建設者と後継者の育成という教育目標を実現させるための有効な方法と捉えられており、社会主義の思想教育に融合されている。つまり、思想教育に重点がおかれていることからみれば、2001年の基礎教育課程改革も実質的には従来の教育方針の延長線上にある。このことが、思想教育という目的を達成させるために、教授・学習過程での教師による説教や誘導という教授方法を適用する伝統を持つ中国において、教師の間では教育改革を行っても、国の教育方針には変化がないという認識を生じさせる一因となった。このような認識から結果的に、教師たちは従来通りの教授方法をとってしまい、児童生徒の「主体性」の育成を二の次にしてしまう事態を生み出すことになった。

　第4に、成績を重視する中国社会の現状に由来するものである。先述した筆者の行ったＣ市教育局の副局長のＳさんに対するインタビューから、「素質教育」の普及が実現されている現在の中国でも、義務教育段階においては、進学する際に成績を重視する状況が依然として存在していることが確認された。そのため、子どもをより良い学校へ進学させるために、「主体性」を身に付けることよりも、試験で高い点数を取るために必要な知識と技能を習得することが多くの保護者から求められている。保護者のこのような態度が教育活動に与える影響も無視できない。

　これらの課題は、「主体性」の育成をめぐって、教育政策と教育実践との間にズレが存在していることや、教育研究分野での理論と実験の成果が教育現場に浸透していないことを物語っている。さらに、現在の中国においては、

教育実践における「主体性」を尊重する教育理念を実現させる条件が、まだ整えられていない実態も示唆するものとなる。「主体性」を尊重する教育理念の実現に支障をきたすこれらの課題の中には、教育政策における「主体性」に対する捉えかたの限界、及び成績を重視する中国社会の現状のように、即時の改善が容易ではないものもある。しかし、教師の力量形成やカリキュラムの改善については、個々の学校でも取り組むことが可能である。そのため、今後は「主体性」を尊重する教育理念の実現に向けて、各学校現場での授業実践の改善に率先して取り組む必要が第一に挙げられるべきであろう。

第4節　結　語

　本書では、近年、中国の教育改革において重視されてきた「主体性」という概念の持つ具体的な意味内容を明らかにした。また、2001年以降の「主体性」育成の現状と課題を究明し、中国における「素質教育」のありかたを探ることを目指して教育研究レベル、教育政策レベル及び教育実践レベルにわたって分析を行った。その結果、「主体性」という概念の持つ意味内容について、これら三つのレベルにおいて、ズレが存在していることが明らかとなった。しかし、いずれのレベルにおいても「主体性」育成の目的と育成方法が焦点となっており、現在中国の教育における「主体性」という言葉を理解するためには、「主体性」概念そのものの持つ意味内容とともに、「主体性」育成の目的と「主体性」の育成方法に対する理解が非常に重要なポイントになっている。そこで、教育研究レベル、教育政策レベル、教育実践レベルについての分析結果を踏まえて、「主体性」概念の持つ意味内容とともに、「主体性」育成の目的や方法の面からも、中国の教育における「主体性」の特徴をまとめることで、本書を締めくくりたい。

　第1に、「主体性」概念の持つ意味内容をめぐって、教育研究レベルと教育政策レベルにおける最も大きな相違点は以下のようになっている。すなわち、教育研究レベルにおいては、「社会」の発展との関連性に関する議論の有無を除いて、主に個人の発達という観点にたって理論的に「主体性」育成

終　章　173

の重要性が語られている。それに対して、教育政策レベルにおいては、社会主義の建設者と後継者の育成という特定の目標を念頭に、育成すべき人材の備えるべき資質や能力、さらに学習過程における「主体性」の育成方法に対する具体的な検討も行なわれているように見える。ただし、個人（学習者）の自主的な意欲、態度、自立的な取り組みを強調し、他者と協調する意識や能力を重視しており、「主体性」という概念は個人（学習者）の「自主性、能動性、創造性」とともに、個人と「社会」との関係を問う「社会性」とも関係していることに両者の共通点が確認される。他方、第5章でも述べたように、2001年基礎教育課程改革において新しく打ち出された教育方針、教育思想と理念を教育現場の教師に伝えるため、中国では2002年に関連する教員研修が全国規模で行われた。したがって、本書では、教育実践における教師の「主体性」という概念に対するイメージは基本的には教育政策に示されている「主体性」にあたる内容に一致すると認識している。

　第2に、「主体性」育成の目的については、教育研究分野においては、「天安門事件」以降の長い間、個人を人間の集団としての「社会」に服従させ、こうした「社会」の発展を重視する方向が取られ続けていた。一方で、近年、教育研究者の間において、「社会」を個人にとって服従すべき人間の集団として見なすよりも、人と人との繋がりを意味する生活の場として捉える傾向が見られ、このことは大きな進歩として評価できよう。ただし、このような進歩があるにもかかわらず、「主体性」育成の目的において、個人と「社会」との関連性は今もなお重視され続けている。他方、教育政策においては、常に教育を通じて国を愛する社会主義の建設者と後継者の育成が目指されており、こうした教育目標は、「主体性」を尊重する教育理念が確立された2001年以降もなお教育政策に貫かれている。さらに、教育実践においても、教師は思想教育の目標の実現を優先していることが判明した。教育研究レベル、教育政策レベル、教育実践レベルにおけるこうした検討を踏まえると、中国における「主体性」育成の目的においては、常に社会の発展、社会主義祖国に対する貢献が重視されていることは明らかである。

　第3に、「主体性」育成の方法について見てみると、約20年間にわたって

展開されてきた「主体性」育成研究において、教師の指導に対する考えかたにおいては程度の差が見られるものの、「主体性」の育成において教師の指導が必要とされ続けてきた。他方、教育政策においては、2001年以降現在（2010年）に至るまで、学習過程における児童生徒の「主体性」のある学習活動が大いに推奨されているものの、愛国主義の感情、社会主義道徳や積極的な人生態度と正確な価値観で児童生徒を導き、規範することが必要とされ続けてきた。これらのことから、「主体性」の育成においては教師による指導が必要とされており、「主体性」が学習者の発達のなかで育成されるべきものであるということについて、教育研究レベルと教育政策レベルにおける認識の一致が確認される。さらに、教育実践については、第5章で取り扱った教育実践において、教師は説明と分析を中心とする従来の教授方法をとっており、児童の「主体性」の育成に対する配慮が欠けているという実態が確認された。このことからも、教師は相変わらず教授・学習活動における主導的な存在であることがわかる。

　以上に述べてきたことを踏まえると、中国の教育における「主体性」概念の特徴として、以下のようにまとめることができる。

　①「自主性・能動性・創造性」を含み、「社会性」とも関係している概念である。

　②社会の発展、社会主義祖国に貢献するという価値志向が付加されている。

　③「主体性」は個人に内在するものというより、教師による指導・規範など外的な影響によって育成すべきものと捉えられている。

　このように、中国における「主体性」という概念の定義においては「Subjectivity」や日本語の「主体性」という術語と同様に、個人の自立や自らの意志など個人の内在するものを強調する意味合いが含まれている。しかし、同時に「社会性」が含まれている点は、中国ならではの特徴である。また、定義において類似の表現が使われていても、「主体性」概念を具体化した教育の目標やその育成方法についても、中国では独自の内実が編み出されていることが明らかになった。

1980年代に教育研究分野で登場した「主体性」に関する議論は、長い道のりを経て、2001年にようやく教育政策にも反映されるようになった。近年、「主体性」の育成において、再び個人を重視する方向性が出された背景には、グローバル化の進展が大きな要因になっている。すなわち、グローバル化に伴い、急激に文化・価値の多元化、情報化が進んだことは、中国の政治・経済・文化など社会のあらゆる領域での活動に大きな衝撃を与えることとなった。中国は多民族国家でありながら、旧来は社会主義体制の維持と国民国家の統一が図られ、社会的集団原理に価値がおかれていたため、個人の主体性は強調されてこなかった。しかし、経済発展を促すために打ち出された改革開放政策をはじめ、WTOへの加盟に見られるように、21世紀に入って中国は、大きく国際市場への開放が進んだ。これに伴い国内でも、個人の価値や権利の実現を求める国民の思想解放の高まりが見られ、やがて絶対的な位置づけが与えられてきた集団利益を優先する価値志向を崩そうとする動きも現れた。こうした旧来の国民国家の存続に大きな揺さぶりをかけるグローバル化の進展のベクトルと、国民の思想解放の高揚というベクトルの二方向からの力に対抗しつつ、国民国家としての存続を実現し、さらに、その発展を目指して、中国では主体的に社会主義体制を擁護する人材を育成するといった新たな特徴を持つ「素質教育」が取り組まれたことが見てとれる。

　以上を踏まえると、現在の中国で取り組まれている「素質教育」は、結局のところ、従来ながらの社会主義の建設者と後継者を育成するための教育の延長線上に展開されてきたことが明らかとなった。しかし、そのような限界はあるものの、学習活動において学習者自らの取り組みが重視されるようになったことは、教師中心の系統的教授を重視する伝統を持ってきた中国においては重要な前進として評価できる。

　なお、最近の教育政策においては、自ら考え、自ら判断し、自ら行動する「主体性」が現代社会に生きていくために不可欠なものと、さらに強く認識されてきている傾向がある。たとえば2010年「基礎教育課程改革を深化させ、さらに素質教育を推進することに関する意見」においては、課程内容を精選し、学習者により多くの自由時間を確保する方針が示された。また、

「2010-2020年国家中長期教育改革と発展計画綱要」においても、新たに「参加式」教授方法の実施が求められている。このように、「主体性」の育成に向けて、中国では現在も教育政策が調整され続けている。今後、教育政策の改善が進むことにより、教育実践においても学習者の「主体性」をより強く意識した「素質教育」が展開されるようになることが期待される。

以上、本書で扱った「主体性」育成の動向は現在も進行中のものであり、今後の展開には引き続き注目していく必要がある。また、本書で扱っている事例は中国の実態を示す事例ではあるものの、広大な中国におけるごく一部の事例であるにすぎない。現在、「主体性」育成研究は国家重点プロジェクトとして展開されているだけではなく、省・市レベルの教育科学研究のプロジェクトにも組み込まれており、さらに教育現場で働く多くの教師により自主的な教育実践が展開されている。したがって、本書で明らかになった点を踏まえつつ、今後も新しい情報の収集に励み、中国における学習者の「主体性」育成研究における最新動向及びその多様性の実態に迫る努力を続けていきたい。

巻末添付資料

主体的な意識に対応する行為表

自主性	1．自己調整	①強い集中力がある ②終始一貫して行動することができる ③学校の制度を守る ④仲間と遊ぶ時の集団規則を守る
	2．独立判断・決断	①自我肯定 ②独立した自己人格を維持する ③進んで独立した思考を行う ④友達の長所と短所について公正且つ客観的な認識ができる ⑤自らの意志を持つ ⑥合理的な決定を下す決断力を持つ
	3．自覚自立	①自らの長所と短所について公正且つ客観的な認識ができる ②自分の力でできることを自分でする ③合理的に学習時間の手配をする ④良好な飲食習慣を持つ ⑤適度な家事ができる
能動性	4．モチベーション	①進んで高い目標を追い求める ②高い理想を持つ ③優等生になるよう努力する ④強い集団意識を持つ
	5．競争意識	①チャレンジする意志が強い ②積極的に自己主張する ③向上心を持ち、成功を収める力を持つ ④積極的に競技に参加し、勝つように努力する ⑤自分より強い人に勝ちたいという意欲を持つ ⑥組織者やリーダー役を務める意欲を持つ
	6．興味と探究意欲	①得意な教科目や何か一つの興味・関心を持つ ②さまざまな授業外活動に参加する ③読書に対する興味を持ち、自主的に読書を行う ④授業中積極的に考え、発言する

能動性	7．社会適応性	①積極的に集団活動に参加する ②集団から渡された任務をやり遂げる ③友達と仲良くし、他者に対する気配りをする ④利己的でなく、喜んで他者を助ける ⑤人を尊重する ⑥自分で克服のできない困難に直面するとき、人の協力を求めることができる ⑦他者と交流能力を持ち、一定の結束力を持つ ⑧正義感が強く、不良な行為を批判する勇気を持つ
創造性	8．創造意識	①進んで新しいものを作る意欲を持つ ②奇抜な説を立てて自分の存在を主張する ③人と異なる意見を進んで述べる ④常に新しいアイディアを出す ⑤進んで難しい問題を解く ⑥創造意欲と実践能力を持つ
	9．創造性思惟能力	①直感や具体的な実物に頼って、問題解決する力を持つ ②問題を解く時の思考の方法が独特で、斬新である ③学習において1つの事から類推して多くの事を知る能力を持つ ④豊富な創造力を持つ
	10．実践能力	①発明活動や、設計活動にとりくみ、自らの制作物を持つ ②実践活動において強い実践意欲を持ち、日常生活で出会う実際問題を解決する能力を持つ

裴娣娜主編『現代教学論（第三巻）』pp.8-9を参照し、筆者が作成したもの。

その他参考文献

1．中国語文献（論文）

于建福「改革開放二十年基礎教育観念変革的回顧与前瞻」『国家高級教育行政学院学報』1999（5）、国家教育行政学院、1999年、pp.25-30。

王道俊「関于教育主体性問題的幾点認識」『教育研究与実践』1993（1）、内蒙古師範大学、1993年、pp.1-3。

王道俊「関于教育的主体性問題」『教育研究与実践』1996（2）、内蒙古師範大学、1996年、pp.1-5。

王坤慶「人性、主体性与主体教育」『華中師範大学学報』（哲学社会科学版）1997（7）、華中師範大学、1997年、pp.114-118。

王本陸「関于教学工作中師生関係改革的思考」『課程・教材・教法』2000（5）、人民教育出版社、2000年、pp.47-50。

王本陸「主体教育的理論基礎問題」『教育研究』2004（6）、教育科学出版社、2004年、pp.15-17。

史暁紅「1980年以来我国大陸師生関係研究状況与簡要評価」『思茅師範高等専科学校学報』2002（6）、思茅師範高等専科学校、2002年、pp.90-95。

杜時忠「主体教育理論的貢献与局限」『教育理論与実践』1999（3）、山西省教育科学研究院、1999年、pp.41-43。

李林昆「対主体性問題的幾点認識」『哲学研究』1991（3）、中国社会科学院哲学研究所、1991年、pp.25-31。

汪暁明「主体教育的研究脈絡与存在的問題」『東岳論叢』2006（5）、山東社会科学院、2006年、pp.191-193。

和学新「学生主体性若干基本概念弁析」『湖南師範大学教育科学学報』2003（1）、湖南師範大学、2003年、pp.37-41。

武思敏「主体教育的理論与実験——訪北京師範大学裴娣娜教授」『教育研究』2000（5）、教育科学出版社、2000年、pp.50-54。

高清海「主体呼喚的歴史根拠和時代内涵」『中国社会科学』1994（4）、中国社会科学院、1994年、pp.90-98。

郭文安「為弘揚主体教育思想而努力」『教育研究与実践』1993（1）、内蒙古師範大学、1993年、pp.3-5。

儲皖中「論人的主体性的発展与現代教育主体性原則的建立」『北京師範大学学報』1989（4）、北京師範大学、1989年、pp.75-81。

楊小薇「順応現代化潮流、発展学生的主体性」『教育研究』1996（2）、教育科学出版社、1996年、pp.1-5。

魯潔・項賢明「論教育的主導功能和教育的理想性――兼論社会主義市場経済体制下的教育改革」『江蘇高教』1993（4）、江蘇省高等教育学会、1993年、pp.3-8。

戴革萍・鄭丹文・王慶文「主体性教育：21世紀教育発展的主旋律」『現代教育科学』、2003（2）、中国教育学会教育管理分会、2003年、pp.34-35。

『教育研究』編集部「人的主体性内涵与人的主体性教育」『教育研究』1995（10）、教育科学出版社、1995年、pp.34-39。

２．中国語文献（図書）

丁剣鳴『小学語文教育研究』中国文聯出版社、2000年。
人民教育出版社小学語文室編著『小学語文教学法』人民教育出版社、1995年。
王麗編『中国語文教育憂思録』教育科学出版社、1998年。
王策三『教育論集』人民教育出版社、2003年。
王策三『教学認識論（修訂本）』北京師範大学出版社、2004年。
王策三『教学論稿（第二版）』人民教育出版社、2005年。
王策三、孫喜亭、劉碩『基礎教育改革論』知識産権出版社、2005年。
王栄生『新課標与語文教学内容』広西教育出版社、2004年。
毛家瑞、孫孔懿『素質教育論』人民教育出版社、2000年。
方智範著『語文教育与文学素養』広東教育出版社、2005年。
中国教育学会小学語文教学研究会編『中国小学語文教学改革20年』人民教育出版社、2002年。
中国教育学会、中国高等教育学会『中国教育改革発展二十年』北京師範大学出版社、1999年。
全国小学語文教学研究会秘書処『面向二十一世紀深化語文教学改革』人民教育出版社、2000年。
向玉琴『愉快教育理論与実践的探索』高等教育出版社、1996年。
李為善、劉奔『主体性和哲学基本問題』中央文献出版社、2002年。
李太平『普及与提高――中国初等教育60年』浙江教育出版社、2009年。
金和徳、姜永志主編『小学語文教学概論』東北師範大学出版社、1999年。
金一鳴、唐玉光『中国素質教育政策研究』山東教育出版社、2004年。
呉柳『素質教育理論与基礎教育改革』広西師範大学出版社、1999年。
呉忠豪主編『小学語文課程与教学論』北京師範大学出版社、2004年。
高岸起『実践的主体性』吉林人民出版社、2004年。
高岸起『認識的主体性』吉林人民出版社、2004年。
高天明『20世紀我国中小学教学方法変革』広東教育出版社、2006年。

袁振国『論中国教育政策的転変——対我国重点中学平等与効益的個案研究』広東教育出版社、1999年。
崔相録『素質教育——中小学教育改革的主旋律』山東教育出版社、1999年。
郭瞻予『素質教育理論与実践』当代世界出版社、2001年。
孫立春『素質教育新論』山東教育出版社、1999年。
孫迎光『主体教育理論的哲学思考』南京師範大学出版社、2004年。
陳青之『中国教育史』中国社会科学出版社、2009年。
黄全明主編『小学語文教育科研』浙江教育出版社、2002年。
彭紫金主編『小学語文教学指導』貴州教育出版社、1991年。
素質教育調研組編『共同的関注目——素質教育系統調研』教育科学出版社、2006年。
素質教育調研組編『共同的関注目——素質教育系統調研（続）』教育科学出版社、2006年。
張勇、陳涛主編『譲語文課堂活起来』北京師範大学出版社、2005年。
裴自彬、彭興順『与新課程同行』中国文聯出版社、2006年。
楊九俊主編『小学語文課堂診断』教育科学出版社、2005年。
語文課程標準研製組編『語文課程標準（実験稿）解読』湖北教育出版社、2002年。
課程教材教法編集部編『小学語文教材和教法』人民教育出版社、1985年。
魯潔『超越与創新』人民教育出版社、2001年。
劉京海『成功教育』福建教育出版社、1993年。
劉儒徳主編『探索学習与課堂教学』人民教育出版社、2005年。
鄭国民、馬新国主編『新世紀基礎教育課程改革小学語文実践与探索』北京師範大学出版社、2002年。
鄭金洲、瞿葆奎『中国教育学百年』教育科学出版社、2002年。
鄭国民『語文課程改革研究』北京師範大学出版社、2003年。
閻光亮、劉莉、劉悦編『課程改革簡明読本』首都師範大学出版社、2001年。

３．中国語文献（資料・辞書類）

中華人民共和国教育部『全日制義務教育数学課程標準（実験稿）』北京師範大学出版社、2001年。
中華人民共和国教育部『全日制義務教育歴史与社会課程標準（実験稿）』北京師範大学出版社、2001年。
中華人民共和国教育部『全日制義務教育品徳与生活課程標準（実験稿）』北京師範大学出版社、2002年。
中華人民共和国教育部『全日制義務教育品徳与社会課程標準（実験稿）』北京師範大学出版社、2002年。
中華人民共和国教育部『面向21世紀教育振興行動計画学習参考資料』北京師範大学出版社、1999年。

何東昌主編『中華人民共和国重要教育文献（1949～1975）』海南出版社、1998年。
何東昌主編『中華人民共和国重要教育文献（1976～1990）』海南出版社、1998年。
何東昌主編『中華人民共和国重要教育文献（1991～1997）』海南出版社、1998年。
何東昌主編『中華人民共和国重要教育文献（1998～2002）』海南出版社、2002年。
何東昌主編『中華人民共和国重要教育文献（2003～2008）』海南出版社、2010年。
顧明遠主編『教育大辞典』増訂合編本（上・下）上海教育出版社、2002年8月第2次印刷。
羅竹風主編『漢語大詞典』（第1巻）上海辞書出版社、1986年11月、pp.706-707。
『現代漢語詞典』商務印書館、1978年12月、p.1511。
『辞海』（縮印本）上海辞書出版社、1990年12月、p.1353。

4．中国語文献（新聞、ウェブサイト）

『人民日報』（北京）
『中国教育報』（北京）
中華人民共和国中央人民政府ウェブサイト　　http://www.gov.cn/
中国教育部ウェブサイト　　http://www.moe.edu.cn/
中国教育ウェブサイト　　http://www.edu.cn/
人民教育出版社ウェブサイト　　http://www.pep.com.cn/
柳州市教育局ウェブサイト　　http://www.doule.net
焦作市中小学教師継続教育ウェブサイト　　http://www.jzjxjy.net.cn/
中国語文課程網ウェブサイト　　http://chinese.cersp.com/
中国知網ウェブサイト　　http://www.cnki.net/
中国百度網ウェブサイト　　http://baike.baidu.com/

5．日本語文献（論文）

相原千景「物語の必要――国語は人生そのものだ」『月刊国語教育』vol.25、東京法令出版、2005年、pp. 22-23。
池田義雄「主体性を育てる道徳授業」『道徳教育学論集』大阪教育大学道徳教育教室、第3号、1983年、pp.1-13。
石原千秋「小説の自由とは何か」『月刊国語教育』vol.26、東京法令出版、2006年、pp. 22-25。
市井三郎「人間主体性と法則性――中国の主観能動性論争をめぐって」『展望』（225）筑摩書房、1977（9）、1977年、pp.54-76。
井上史子・沖裕貴・林徳治「中学校における自主性尺度項目作成の試み」『学習情報研究』学習ソフトウェア情報研究センター、2005（1）、2005年、pp.37-40。

岩本華子「社会福祉援助におけるクライエントの『主体性』概念に関する一考察——クライエントの『主体性』はどのように捉えられてきたか」『社会問題研究』第56巻、大阪府立大学、2007年、pp.95-116。
氏原基余司「見えない『国語力』を見る」『月刊国語教育』vol.25、東京法令出版、2005年、pp. 40-43。
岡崎眸「学習者の主体性と教師の主導性——21世紀の日本語教育への展望」『日中韓3か国合同ジョイントゼミ（北京）』お茶の水女子大学、2007（10月19日〜24日）資料集、2007年、pp.140-143。
生越達「子どもの主体性と教師の存在——林竹二の授業に基づいて」『茨城大学教育学部紀要（教育科学）』第57号、2008年、pp.161-180。
折川司「二つの方向性を内包する文学教育」『月刊国語教育』vol.25、東京法令出版、2005年、pp. 20-23。
片岡弘勝「上原専祿『主体性形成』論における『個』観念——「共同体」相対化と「近代」相対化の相」『奈良教育大学紀要』（人文・社会）第58巻、2009年、pp.23-32。
鎌田文彦「義務教育法の改正——基礎教育の質の向上と機会均等を目指す」『外国の立法』(230号)、国立国会図書館、2006年、pp. 182-184。
杉戸清樹「国語科の進むべき方向」『月刊国語教育』vol.26、東京法令出版、2006年、pp. 16-19。
杉本均、田中耕治「中華人民共和国における価値教育と授業実践」『アジア教育研究報告』創刊号、京都大学大学院教育学研究科比較教育研究室、2000年、pp. 52-65。
浅海健一郎「臨床心理学における「主体性」概念の捉え方に関する一考察」『九州大学心理学研究』第2巻、2001年、pp.53-58。
浅海健一郎「子どもの主体性と適応感の関係に関する縦断的研究」『九州大学心理学研究』第10巻、2009年、pp.217-223。
田井康雄「教育的関係（Ⅱ）——教師と生徒の関係」『奈良大学紀要』第13号、1984年、pp.67-79。
高橋洸治「社会変化に対応する主体性の問題——アイデンティティー・自立性・自己生成的人間」『静岡大学教育学部研究報告（人文・社会科学篇）』第44号、1994年、pp.191-200。
高階玲治「『読み』を通した自己成長のために」『月刊国語教育』vol.24、東京法令出版、2004年、pp. 28-31。
竹内謙彰、金美玲「道徳性及び価値意識の発達に関する日中間の比較」『愛知教育大学研究報告教育科学』48号、愛知教育大学、1999年、pp. 89-95。
田中孝一「言葉、国語力の重視の教育課程——中教審で何が議論されているか」『月刊国語教育』vol.26、東京法令出版、2006年、pp. 12-14。
玉井年「これまでとこれから」『月刊国語教育』vol.25、東京法令出版、2005年、pp. 24-25。

田村嘉勝「『文学教育』がめざす教材、そして授業」『月刊国語教育』vol.25、東京法令出版、2005年、pp. 16-19。

土屋雅朗「児童の主体性を育てる学校行事の取組――自発的な運動会計画集団＝「運動会」プロジェクトチームの取組を通して」『教育実践研究』第17集、信州大学教育学部附属教育実践総合センター、2007年、pp.199-204。

鶴田清司「文学教材はなぜ必要なのか――教材価値論を問い直す」『月刊国語教育』vol.25、東京法令出版、2005年、pp. 12-14。

中村亨、李霜華、宮崎やよい「比較授業分析の試み――日中共通国語教材を用いて」『九州大学教育学部紀要（教育学部門）』42巻、九州大学教育学部、1996年、pp. 57-76。

野田三喜男「参加創造型授業についての論考」『愛知教育大学教育実践創造センター紀要』第4号、2001年、pp.51-56。

野々口ちとせ「学び手の主体性を高める協働学習の意識化――大学生を対象としたアカデミック・プレゼンテーションの場合」『日中韓3か国合同ジョイントゼミ（北京）』お茶の水女子大学、2007年（10月19日〜24日）資料集、pp.136-139。

諾日布斯仁・孫堅・代俊・張紅岩・索燁「体育授業における「自己教育力」に関する基礎的研究――子どもの主体性を引き出すプロセス的アプローチの可能性」『広島大学大学院教育学研究科紀要』第二部、第58号、2009年、pp.275-281。

付宜紅「小学校国語教科書の日中比較研究――構成原理を中心に」『広島大学教育学部紀要』第2部第47号、1998年、pp. 29-35。

付宜紅「日中両国における子どもの読みの反応調査：『ごんぎつね』の場合」『全国大学国語教育学会発表要旨集』(96)、全国大学国語教育学会、1999年、pp. 26-27。

付宜紅「日中小学校国語教科書の比較研究――物語文教材における主人公像を中心に」『日本教科教育学会誌』第23巻第1号、2000年、pp. 11-19。

藤野寛「主体性という理念とその限界」『高崎経済大学論集』第48巻第3号、2006年、pp. 203-211。

水間玲子「自己形成過程に関する研究の外観と今後の課題――個人の主体性の問題」『京都大学大学院教育学研究科紀要』第48号、2002年、pp.429-441。

李霜華「言語の観点に基づいて――日中小学校の国語授業を分析する試み」『九州教育学会研究紀要』第23巻、九州教育学会、1995年、pp. 37-43。

李霜華「比較授業分析――日中国語教材を通して」『教育学部紀要（教育学部門）』43巻、九州大学教育学部、1997年、pp. 75-88。

李霜華「日中比較授業分析――国語教材『赤いろうそく』と『素晴らしいサーカス』を通じて」『九州教育学会研究紀要』第25巻、九州教育学会、1997年、pp. 99-110。

6．日本語文献（図書）

阿部昇、大西忠治『「オツベルと象」の読み方指導』明治図書、1991年。

阿部洋編『「改革・開放」下中国教育の動態——江蘇省の場合を中心に』東信堂、2006年。
石原千秋『国語教科書の思想』筑摩新書、2005年。
糸井通浩、植山俊宏編『国語教育を学ぶ人のために』世界思想社、1995年。
稲垣忠彦、佐藤学『授業研究入門』岩波書店、1996年。
大阪児童言語研究会編『子どもと創る文学の授業——教材分析と実践例』一光社、1990年。
奥田真丈、熱海則夫『21世紀への教育課題——教育課程審議会の答申をどう読みとるか』太陽書林、1988年。
大西忠治『教育技術著作集10　指導言（発問・助言・説明・指示）の理論』明治図書、1991年。
王智新『現代中国の教育』明石書店、2004年。
梶田叡一『「自己」を育てる——真の主体性の確立』金子書房、1996年。
佐伯正一『教材分析と思考過程——授業の準則を求めて』明治図書、1965年。
佐伯胖『「学ぶ」ということの意味——子どもと教育』岩波書店、1995年。
佐伯胖『「わかる」ということの意味［新版］——子どもと教育』岩波書店、1995年。
佐々木智治『「海のいのち」の授業』明治図書、2005年。
佐野安仁、荒木紀幸編『道徳教育の視点（改訂版）』東信堂、2000年。
柴田義松、鶴田清司、阿部昇編『あたらしい国語科指導法』学文社、2003年。
全国大学国語教育学会編『国語科教育学の成果と展望』明治図書、2002年。
田近洵一『国語教育の再生と創造-21世紀へ発信する17の提言』教育出版、1996年。
田近洵一『コミュニケーションを深める話しことばの授業』国土社、1996年。
田近洵一『読みのおもしろさを引き出す文学の授業』国土社、1996年。
田中耕治、西岡加名恵『21世紀の学校づくり総合学習とポートフォリオ評価法（初版）』日本標準、1999年。
鶴田清司『言語技術教育としての文学教材の指導』明治図書、1996年。
広瀬久『道徳的価値の自覚を深める発問の工夫』明治図書、1999年。
藤岡信勝『教材づくりの発想』日本書籍、1991年。
藤岡信勝『授業づくりの発想』日本書籍、1993年。
藤川大祐『「個を育てる」授業づくり・学級づくり』（第3版）学事出版、2001年。
本間政雄・高橋誠編『諸外国の教育改革——世界の教育潮流を読む　主要6カ国の最新動向』ぎょうせい、2000年。
牧野篤『中国変動社会の教育』勁草書房、2006年。
渡辺雅子『叙述のスタイルと歴史教育』三元社、2003年。
渡辺雅子『納得の構造——日米初等教育に見る思考表現のスタイル』東洋館出版社、2004年。
文部省大臣官房調査統計企画課編『諸外国の学校教育　アジア・オセアニア・アフリカ編』大蔵省印刷局、1995年。

7．日本語文献（資料・辞書類）

文部省『小学校指導書国語編』昭和53年5月（1978年）。
文部省『小学校学習指導要領』平成元年3月（1989年）。
文部省『小学校指導書国語編』平成元年6月（1989年）。
文部省『小学校学習指導要領』平成10年12月（1998年）。
文部省『小学校学習指導要領解説　国語編』平成11年5月（1999年）。
文部省『小学校学習指導要領解説　特別活動編』平成11年5月（1999年）。
『内外教育』時事通信社
伊地智義編『中国語辞典』白水社、2002年2月5日、pp.2068-2069。

8．日本語文献（ウェブサイト）

文部科学省ウェブサイト	http://www.mext.go.jp/
国立情報学研究所（NII）ウェブサイト	http://ci.nii.ac.jp/
Japanese Institutional Repositories ウェブサイト	http://jairo.nii.ac.jp/
日本比較教育学会「比較・国際教育情報データベース」	http://wwwsoc.nii.ac.jp/jces/rice/
ウィキペディアフリー百科事典	http://ja.wikipedia.org/wiki/

9．英語文献

JAMES A.H.MURRAY,HENRY BRADLEY,W.A.CRAIGIE,"*THE OXFORD ENGLISH DICTIONARY*" Volume X,PRINTED IN GREAT BRITAIN AT THE UNVERSITY PRESS,OXFORD BY VIVIAN RIDLER PRINTER TO THE UNVERSITY.1970,p.26。

Yunxiang Yan, *Private Life under Socialism: Love, Intimacy, and Family Change in a Chinese Village 1949-1999*, Stanford,Stanford University Press,2003.

Li Zhang, *Strangers in the City: Reconfigurations of Space, Power, and Socia Networks within China's Floating Population, Stanford*, Stanford University Press,2001.

Perry Link, Richard P. Madsen, Paul G. Pickowicz, *Popular China: Unofficial Culture in a Globalizing Society*, Lanham,Md.:Rowman and Littlefied,2002.

あとがき

　博士論文を書くことは長年の夢でした。この夢を実現させるために歩まなければならない道のりは「荊の道」といえるほど実に試練に満ちた長くつらいものでした。やっとこの夢を実現するチャンスを手に入れたとき、うれしくてドキドキした気持ちが今でも記憶に鮮明に残っています。そして、血を吐く覚悟で作成した博士論文を提出した際の、人事を尽くしたホッとした気持ちは何とも言えない心地よいものでした。

　振り返れば、2001年6月に、交換留学生として来日してから、13年の月日が過ぎました。滋賀大学、京都大学にて勉学に励む機会に恵まれ、多くの先生方にご指導を頂き、たくさんの院生たちに助けてもらった私は本当に幸せ者です！一方で、留学生である故、日本語を満足に使えないことに加え、育児しながら博士論文を書くことには非常に限界を感じていました。博士論文の提出ができないかと心配し、不安な思いをした経験もあります。しかし、これらの困難を克服して念願の博士論文を提出し、刊行できたのは私に温かい手を差しのべてくださった多くの方々のおかげでした。感謝しても感謝しきれないほど皆さんからいただいたご支援に、どのような感謝の言葉を綴ればよいかまことに迷うものです。

　この場をお借りして、まず、私に研究への道案内をしてくださった紅林伸幸先生にお礼を申し上げたいです。2001年に、交換留学生として滋賀大学教育学部に派遣された私を引き受けてくださったのは紅林先生でした。B型の血液型を持ち、お好みの食べ物が湯豆腐である紅林先生は湯豆腐のようなソフトで優しい性格の持ち主で、とにかく愉快な方でした。いつもにこにこ

して、ユーモア溢れるトークで、日本に来たばかりの私のホームシックも吹き飛ばし、また常にゼミの雰囲気を和やかにしてくださいました。このように優しくて広く学生たちに愛されている紅林先生も、研究については異様なほど厳しく、鬼のような存在と感じたのは滋賀大学で修士論文を作成した時でした。いつも先生のコメントに従い論文の書きなおし作業に追われていました。特に、論文提出する一週間前から、寝ず、食べずの経験が実につらいもので、やっと修士論文を提出できた時、地獄から解放されたような解放感が得られたほどです。当時の大変さは二度と味わいたくないほどつらいものでしたが、研究に対して持つべき意欲や努力を知り、論文の書き方などについても大変鍛えられた貴重な経験ともなっています。2005年に滋賀大学を卒業したあとも、たまに先生に会い、研究や人生について相談をさせていただいております。紅林先生、いつもありがとうございます。

同じ滋賀大学教育学部教授の岸本実先生にも大変お世話になりました。指導教官ではありませんが、修士二年時に「社会科指導法」の授業をとることをきっかけに、岸本先生にもご指導を頂くこととなりました。岸本先生は大変親切な方で、授業で担当する部分の発表レジュメを作れなかった時、何度も指導をしてくださったこと、そして滋賀大学を卒業した後でも、先生は時間を惜しまずに私の書いた拙い論文を読み、修正のコメントをしてくださることを大変ありがたく思っております。

滋賀大学を卒業後、京都大学で勉学、研究の機会に恵まれたのは杉本均先生のおかげでした。杉本先生は京都大学教育学研究科比較教育学講座の教授であり、学部生や院生たちに好かれる大変優しい方です。京都大学で過ごした9年間、先生の怒る顔を一度も拝見したことがありませんでした。しかし研究に対する姿勢は真摯そのもので、とにかく院生である私たちに対する指導には手を抜きません。毎年の修士論文中間発表会や研究会での発表者に対する鋭い質問は「恒例の爆弾」と先輩たちに比喩されるほど強烈なものでした。

研究の面だけではなく、生活の面においても、先生は常に学生のことを心配してくださっています。京都大学に入った当初、留学生である私が勉強に

支障のでないように、ご自身のパソコンを貸し出してくださったこと、奨学金を取れるよう精力的に私を推薦してくださったこと、そして、京都大学で研究員を募集した際にも私のことを全力で推薦してくださったことなど、先生からのご恩は一生忘れられません。先生のご指導を得ることの出来たこの9年間は私にとって大変貴重な時間です。この9年間、先生には研究に対する真摯な姿勢は無論のこと、謙虚さ、気配りといった人として大切なことをたくさん教えていただきました。杉本先生、私を比較教育講座に引き受けてくださってから今日まで本当に大変お世話になりました。心から感謝いたしております。

　同じく京都大学教育学研究科比較教育学講座准教授の南部広孝先生は、これまで一番時間を掛けて私を指導して下さり、私の拙い論文を真剣に読み、最も多くのアドバイスをしてくださった方です。南部先生は私が博士後期課程一年目の時に長崎大学から京都大学に移動してこられた方です。普段は大変静かな方ですが、論文指導になるとまるで別人のように、鋭い指摘を連発していることが印象的でした。先生のご指摘にどう対応したらよいか常に困惑を感じ、時には逃げ出したくなるほど頭を悩ませていたこともありましたが、冷静で鋭い頭脳の持ち主である南部先生のような研究者になるよう、今後も頑張っていきたいと思います。南部先生、これからもご指導をしてくださいますよう、よろしくお願いいたします。

　そして、私の長い研究生活、就職活動を全力的にサポートしてくださっているのは西岡加名恵先生です。西岡先生は京都大学教育学研究科教育方法学講座准教授であり、私の修士論文、博士論文の副査の先生でもあります。西岡先生は強い責任感の持ち主で、いつも愛情をもって学生に接することで京都大学教育学研究科でも大人気の先生です。学生のささやかな体調の崩れも見逃さないほどいつも学生のことを思いやってくださる一方で、ご自身の体調を崩しても常に学生の指導のことで頭いっぱいの方です。ご懐妊中、さらにご出産直後にもかかわらず、何度も私に論文を指導してくださりました。また、同じ女性の立場に立っていつも相談に乗り、親身になってアドバイスをしてくださりました。大好きな西岡先生には、これから先、少しでも近づ

けるよう頑張っていきます。西岡先生、今後ともなにとぞよろしくお願いいたします。

　長い研究生活において、多くの先生方のご指導に恵まれただけではなく、京都大学教育学研究科比較教育学講座の優しい先輩や後輩たちにも、大変お世話になっております。特に、海外留学の経験を有する楠山さん、石川さんに論文の構成や日本語の校正をはじめ、留学生としての心得もたくさん教わりました。また、後輩の中島悠介君、門松愛さんそして関口洋平君もいつも労力を惜しまず、私の書いた論文の日本語校正をしてくださりました。皆さん、本当にありがとうございます。今後ともよろしくお助けください。

　博士論文の作成において、北京師範大学教育学部王本陸先生からも多大なるご指導を頂きました。2008年4月に京都大学大学院教育学研究科「海外留学資金」を獲得し、同年5月から7月までの約二カ月間、北京に渡航し、北京師範大学教育学部王本陸先生のご指導のもとで、中国における「主体性」育成研究の情報収集を行いました。王本陸先生は1992年から中国における「主体性」育成研究の第一人者である裴娣娜（北京師範大学元教授）先生が主催していた研究開発プロジェクトである児童「主体性」育成研究の主要メンバーであり、現在中国におけるカリキュラムと教授・学習理論の研究を行う専門家です。北京滞在期間中に、王先生は中国における「主体性」育成研究の展開及び現状などについて、何度も個人講義をしてくださりました。さらに、ご自身の恩師であり、1980年代前半に「主体性」育成研究の萌芽期に「主体性」育成に関する論争に率先して参加された王策三（北京師範大学元教授）先生や、90年代以降中国における「主体性」育成研究を牽引してきた裴娣娜先生も私に紹介してくださり、これらの先生に対するインタビューの機会をつくってくださりました。北京師範大学での短期留学中、王本陸先生のご家族にも親切にしてくださりましたことを心温かく感じております。それ以降、博士論文の作成のため、何度も北京へ行き、王本陸先生に対してインタビューをしたり、さらに日本にいながら電話でご指導を受けたりすることも多々ありました。弟子入りをしなければ弟子と認めない中国の教育分野にいらっしゃる王本陸先生ですが、私にとって恩師のような存在です。王先生、

ご指導、どうもありがとうございました。今後ともご指導をよろしくお願いいたします。

　本書の出版にあたって、株式会社東信堂・下田勝司社長にはたくさんのアドバイスや励ましの言葉をいただきました。こうして私の博士論文が刊行できたのは、下田社長をはじめ東信堂の皆さまの多大なるサポートのお陰です。本当にお世話になりました。ありがとうございます。

　最後に、私の長い留学生活をずっと温かく見守ってくださり、協力を尽してくださった父と母、黙々と私を支えてくれた最高の人生伴侶の充、最愛の娘麟にもお礼をいいたいです。博士論文を作成することは本当につらい経験でしたが、かけがえのない家族がいてくれたからこそ、最後まで頑張りきれました。皆、ありがとう！

　このように、たくさんの方々の温かいご指導、ご支援なくして、念願の博士論文の提出・刊行はできませんでした。博士論文を作成・刊行するまでの過程は本当につらいものでしたが、一人の人間の無力さとともに、「人」とは人と人とが支え合っている存在であることを実感し、温かく見守り、時には助けてくれることのかけがえのなさをしみじみと味わえる貴重な機会でもありました。博士論文はこれまでの私の研究生活を集約したものだけではなく、私の「人間」についての再発見を促したものともなっています。

　なお、本書は、筆者が京都大学大学院教育学研究科に提出した博士学位請求論文「文革後中国の基礎教育における『主体性』育成に関する研究」（2012年7月13日提出、2012年9月24日学位授与）をもとに、加筆・修正を行って刊行したものです。また、本書は日本学術振興会の平成26年度科学研究費補助金「研究成果公開促進費」の助成を受けて出版したものです。

　　2014年12月

　　　　　　　　　　　　　　　　　　　　　　　　李（山田）霞

索　引

ア

愛国主義　*32, 82, 84, 86, 89, 91-93, 96, 99, 102, 109, 114, 116, 117, 119, 129, 132-134, 138, 167, 168, 174*

一斉授業　*3, 64, 66, 73, 77, 81-84*

応試教育　*4, 88, 89, 91*

カ

改革開放　*i, 3, 28, 29, 31, 32, 83-85, 90, 97, 111, 175*

階級性　*30, 80, 111*

階級闘争　*ii, 3, 15, 28, 30, 31, 80, 83, 86, 110*

科学実験　*80, 86*

科学文化的素養　*4, 78, 85-89, 93, 98*

格差　*6, 13, 155*

学習過程　*4, 5, 13, 18, 27-31, 34-36, 38, 39, 42-44, 46, 47, 56, 59, 67, 69, 72, 73, 75, 78, 82, 83, 88-90, 93, 95, 97, 98, 101, 102, 106, 111, 113, 116-119, 122, 125, 126, 128, 132-134, 138, 141, 152, 154, 157, 158, 166-168, 170, 171, 173, 174*

学校教育　*5, 9, 19, 59, 62, 77, 80, 107, 109, 135*

課程標準　*4, 15, 21, 97, 107, 108, 113, 116-119, 121-125, 127, 129-134, 137, 139-143, 145, 154, 159, 160, 167*

カリキュラム　*9-11, 26, 47, 57, 64, 80, 88, 89, 94-96, 98, 110, 135, 140, 157, 159, 170, 172*

基礎教育　*i-iii, 4-6, 9-16, 19, 21, 44, 46, 57, 58, 66, 67, 71, 73-75, 78, 79, 86, 93-97, 99, 101, 102, 106-108, 113, 119, 124, 125, 128, 133, 134, 138-142, 154, 156-159, 161, 162, 166-168, 170, 171, 173, 175*

基礎知識　*4, 77, 78, 80-82, 86, 88, 93, 97, 98, 109-115, 117, 118, 120, 121, 128, 132, 133, 144, 152, 153, 166*

基本技能　*4, 77, 78, 80-82, 86, 88, 93, 97, 98, 109-115, 117, 118, 121, 128, 132, 133, 166*

義務教育　*6, 19, 20, 86, 87, 108, 112, 113, 137, 155, 158, 171*

教育改革　*i-iii, 3, 4, 7, 9-13, 15, 28, 67, 79, 83, 84, 87, 88, 90, 92, 93, 95, 96, 100, 110, 135, 139, 140, 157, 158, 161, 169, 171, 172, 176*

教育実践環境　*38, 40, 49, 77, 163*

教育の効率性　*3, 77*

索　引　193

教育部　　44, 57, 75, 80, 81, 86, 91, 93, 94,
　　　　　96, 109, 135, 137, 139, 140
教育方針　　3, 13, 78, 80, 86, 88, 90, 108,
　　　　　111, 119, 132, 133, 157, 158, 167, 169,
　　　　　171, 173
教育目標　　ii, 4, 10, 65, 66, 73, 78, 80, 81,
　　　　　84-86, 92, 93, 97, 98, 100, 102, 106,
　　　　　107, 114, 157, 169, 171, 173
教学大綱　　15, 81, 107, 108, 111-113, 116,
　　　　　123, 125, 128, 133, 134, 140
教師中心主義　　3, 78, 102, 168
協調　　4, 46-48, 50, 51, 58, 67, 71, 78,
　　　　92-95, 98-102, 106, 116, 118, 119, 133,
　　　　164-168, 173
グループ学習　　45, 64, 66, 68-70, 73
グローバル　　i-iii, 41, 175
計画性　　109
経済体制　　i, 7, 28, 40, 41, 45, 49, 56, 67,
　　　　84, 85, 87-91, 97, 162, 163
系統性　　109
系統的学習　　3, 4, 77, 78, 102, 168
五愛　　80, 84, 88, 89, 91
講読法　　110, 113, 115, 121
交流　　4, 19, 46-48, 50, 51, 59, 67, 69-71,
　　　　73-75, 78, 93, 95, 98-101, 106, 113,
　　　　115-117, 119, 122-128, 130-134, 141,
　　　　145, 151, 158, 164, 166-168, 178
国語　　11, 15, 63, 64, 106-121, 124, 125,
　　　　127-134, 137-142, 144, 152-154, 157,
　　　　158, 160, 167, 170
国際化　　14, 79, 92
国務院　　4, 87, 92, 109, 135
個人の発達　　7, 29, 31, 33, 36-42, 44, 45,
　　　　47-50, 58, 77, 86, 91, 162, 163, 169, 172

個性　　11, 28, 30, 31, 33, 35-38, 42-45, 60, 87,
　　　　93, 114, 116, 121, 122, 133, 144, 145, 154
国家教育委員会　　57, 75, 91, 112, 135
国家政治　　79, 80, 84

サ

自主性　　4, 7, 17-19, 29, 30, 35, 43, 44, 48,
　　　　49, 51, 52, 56, 58, 60, 62, 63, 87, 90,
　　　　92, 102, 117, 119, 120, 122, 128, 133,
　　　　152, 163-165, 167, 168, 173, 174, 177
市場経済　　7, 40, 41, 45, 49, 56, 67, 87-89,
　　　　91, 162, 163
思想解放　　32, 56, 87, 175
思想道徳　　81, 85-89, 98, 114, 117
実践能力　　4, 44, 63, 78, 85, 86, 88, 90,
　　　　93-95, 98, 101, 106, 118, 166, 178
社会主義　　i, ii, 3, 14, 32, 35, 40, 48, 49,
　　　　56, 67, 79-81, 83, 85, 87-89, 91-93,
　　　　96-99, 101, 102, 106, 108, 109, 114,
　　　　116, 117, 119, 128, 129, 132-135, 138,
　　　　157, 162, 163, 165-168, 171, 173-175
社会性　　7, 14, 17-19, 32, 33, 35, 36, 39,
　　　　44-47, 49-51, 58, 60, 61, 67, 68, 71, 73,
　　　　102, 119, 122, 128, 133, 152, 163-165,
　　　　168, 173, 174
四有　　85, 86, 88, 89, 98
集団意識　　45, 61, 68, 86, 177
集団主義　　92, 93, 96, 99, 102
重点学校　　6
主体性　　i-iii, 5-19, 26-52, 56-67, 71-75,
　　　　77-79, 83, 84, 90, 91, 95-97, 99-103,
　　　　106, 107, 114, 119, 124, 125, 131-134,
　　　　138-142, 144, 145, 152, 153, 155-159,
　　　　161-176

商品経済　　　　　　　　28, 84
人民教育出版社　　47, 58, 125, 139, 141,
　　　　　　　　　　　　　　160
生産労働　　　　　　　　80, 86
政治主導　　　　　　　　85, 86
政治的信念　　　　　　　　85
創造性　　4, 7, 17-19, 29-31, 35, 43, 44, 46,
　　　　48, 49, 51, 52, 58, 60, 62, 63, 87, 90,
　　　　92, 93, 102, 117, 119, 122, 128, 133,
　　　　152, 163-165, 167, 168, 173, 174, 178
素質教育　　i, ii, 4-7, 9-12, 14, 21, 44, 75,
　　　　79, 91, 92, 94-97, 113, 155, 158, 171,
　　　　　　　　　　　　172, 175, 176

タ

体験　　16, 19, 44-47, 59, 64, 65, 92, 95, 98,
　　　　99, 115, 116, 118, 119, 121-125,
　　　　132-134, 141, 144, 145, 148, 150-152,
　　　　　　　　154, 156-158, 167, 171
大躍進　　　　　　　　110, 111, 135
探究的学習　　　　　　　　118
中央集権　　　　　　　　28, 85
中国共産党中央　　3, 4, 32, 78, 83-85, 87,
　　　　　　　　　　89, 90, 92, 112
中国人民政治協商会議　　　　　108
天安門事件　　7, 18, 33, 37, 38, 45, 48, 56,
　　　　　　　　90, 162, 163, 165, 173

鄧小平　　　32, 40, 56, 79, 82, 85, 87
独立した思考　　4, 78, 85, 87, 90, 92, 98,
　　　　111-113, 120, 122, 126, 130, 177

ナ

能動性　　7, 16-19, 29-31, 35, 36, 39, 43, 44,
　　　　48, 49, 51, 52, 56, 58, 60, 62, 63, 66,
　　　　90, 102, 111, 117, 119, 120, 122, 128,
　　　　133, 152, 163-165, 167, 168, 173, 174,
　　　　　　　　　　　　177, 178

ハ

反右派　　　　　　　　110, 135
一人っ子　　　　　　　　96
品徳と社会　　　　　　　134, 159
品徳と生活　　　　　　　134, 159
文化大革命　　　　　　i, ii, 3, 111

マ

民族の素質　　14, 21, 78, 79, 85, 112
無産階級　　ii, 3, 15, 28, 78, 80-82, 84, 85,
　　　　　　　　　　　　135

ラ

利己主義　　　　　　　　89, 96

著者紹介

李　霞（り　か）

1978年生まれ。2001年に中国湖南省湘潭大学外国語学部日本語専攻卒業。同年、交換留学生として滋賀大学教育学部へ派遣。2005年同大学大学院教育学研究科修士課程修了後、京都大学大学院教育学研究科修士課程へ入学。2012年同大学大学院教育学研究科博士後期課程修了。博士（教育学）。比較教育、カリキュラム専攻。京都大学大学院教育学研究科研究員を経て、現在、プール学院大学短期大学部講師。

主な業績

『中国の大学図書館における学習支援に関する調査報告』（共著、京都図書館情報学研究会、2012年）

1. 「文革後中国における児童の「主体性」育成研究に関する考察」『京都大学大学院教育学研究科紀要』第56号、京都大学大学院教育学研究科、pp.57-69、2010年
2. 「中国における児童の「主体性」育成に関する理論と実践の展開——裴娣娜の研究に焦点をあてて」『日本教育目標・評価学会紀要』第21号、日本教育目標・評価学会、pp.37-46、2011年
3. 「文革後中国の教育政策における育成すべき人間像と育成方法の変遷」『京都大学大学院教育学研究科紀要』第58号、京都大学大学院教育学研究科、pp.129‐141、2012年
4. 「改革移行期の中国の学校教育における児童の「主体性」に関する考察——小学校における道徳授業を事例に」『アジア教育研究報告』第11号、アジア教育研究会、pp.41-57、2012年
5. 「中国における国語教育目標の変容——初等教育課程政策の分析を手掛かりに」『日本教育目標・評価学会紀要』第24号、日本教育目標・評価学会、pp.75-84、2014年。ほか。

文革後中国基礎教育における「主体性」の育成

2015年2月28日　　初版第1刷発行　　　　　　　　　〔検印省略〕

定価はカバーに表示してあります。

著者©李　霞／発行者　下田勝司　　　印刷・製本／中央精版印刷株式会社

東京都文京区向丘1-20-6　　郵便振替00110-6-37828
〒113-0023　TEL (03)3818-5521　FAX (03)3818-5514

発行所　株式会社 東信堂

Published by TOSHINDO PUBLISHING XO., LTD.
1-20-6, Mukougaoka, Bunkyo-ku, Tokyo, 113-0023 Japan
E-mail：tk203444@fsinet.or.jp　http://www.toshindo-pub.com

ISBN978-4-7989-1288-2　C3037　©LI XIA

東信堂

比較教育学事典	日本比較教育学会編	一二〇〇〇円
比較教育学の地平を拓く	森山肇子編	四六〇〇円
比較教育学――越境のレッスン	馬越徹	三六〇〇円
比較教育学――伝統・挑戦・新しいパラダイムを求めて	M.ブレイ編著 馬越徹・大塚豊監訳	三八〇〇円
国際教育開発の再検討――途上国の基礎教育普及に向けて	小川啓一・西村幹子・北村友人編著	二四〇〇円
発展途上国の保育と国際協力	浜野隆・三輪千明編著	三八〇〇円
トランスナショナル高等教育の国際比較――留学概念の転換	杉本均編著	三六〇〇円
中国教育の文化的基盤	顧明遠著 大塚豊監訳	二九〇〇円
中国大学入試研究――変貌する国家の人材選抜	大塚豊	三六〇〇円
中国高等教育独学試験制度の展開――背景・実現過程・帰結	南部広孝	三二〇〇円
中国の職業教育拡大政策	劉文君	五〇四八円
現代中国高等教育の多様化と教育機会の変容	王傑	三六〇〇円
文革後中国基礎教育における「主体性」の育成	楠山研	四〇〇〇円
「郷土」としての台湾――郷土教育の展開にみるアイデンティティの変容	林初梅	四六〇〇円
戦後台湾教育とナショナル・アイデンティティ	山﨑直也	二八〇〇円
ドイツ統一・EU統合とグローバリズム――教育の視点からみたその軌跡と課題	木戸裕	六〇〇〇円
教育における国家原理と市場原理――チリ現代教育史に関する研究	斉藤泰雄	三八〇〇円
インドの無認可学校研究――公教育を支える「影の制度」	小原優貴	三二〇〇円
バングラデシュ農村の初等教育制度受容	日下部達哉	三六〇〇円
オーストラリアのグローバル教育の理論と実践	木村裕	三六〇〇円
開発教育研究の継承と新たな展開	川嶺敏子編著	三六〇〇円
中央アジアの教育とグローバリズム	嶺井明子編著	三六〇〇円
オーストラリアの教員養成とグローバリズム	本柳とみ子	三六〇〇円
[新版]オーストラリア・ニュージーランドの教育――多様性と公平性の保証に向けて	青木麻衣子・佐藤博志編著	二〇〇〇円
オーストラリアの言語教育政策――グローバル社会を生き抜く力の育成に向けて	青木麻衣子	三八〇〇円
マレーシア青年期女性の進路形成――多文化主義における「多様性と」「統一性」の揺らぎと共存	鴨川明子	四七〇〇円

〒113-0023 東京都文京区向丘1-20-6
TEL 03-3818-5521 FAX 03-3818-5514 振替 00110-6-37828
Email tk203444@fsinet.or.jp URL:http://www.toshindo-pub.com/

※定価：表示価格（本体）＋税